Gerd Heinz-Mohr

Der Weg zum Paradies

*Geschichten
heiterer Lebensweisheit*

*Gütersloher Verlagshaus
Gerd Mohn*

Die Auswahl ist entnommen dem Band »Kinder des Paradieses«,
erschienen im Eugen Diederichs Verlag, München, 1975.

CIP-Titelaufnahme der Deutschen Bibliothek

Heinz-Mohr, Gerd:
Der Weg zum Paradies: Geschichten heiterer Lebensweisheit/
Gerd Heinz-Mohr. – Gütersloh: Gütersloher Verl.-Haus Mohn, 1991
(Gütersloher Taschenbücher Siebenstern; 1365:
GTB-Grossdruck-Bibliothek)
ISBN 3-579-01365-3
NE: GT

ISBN 3-579-01365-3

Lizenzausgabe mit freundlicher Genehmigung
des Eugen Diederichs Verlags, München
© Eugen Diederichs Verlag, München

Das Werk einschließlich aller seiner Teile
ist urheberrechtlich geschützt. Jede Verwertung außerhalb der
engen Grenzen des Urheberrechtsgesetzes ist ohne
Zustimmung des Verlages unzulässig und strafbar. Das gilt
insbesondere für Vervielfältigungen, Übersetzungen,
Mikroverfilmungen und die Einspeicherung und Verarbeitung
in elektronischen Systemen.

Umschlaggestaltung: Dieter Rehder, Kelmis/Belgien,
unter Verwendung eines Fotos von Marion Nickig, Essen
Gesamtherstellung: Clausen & Bosse, Leck
Printed in Germany

Der Weg zum Paradies

Drei Freunde gingen gemeinsam durchs Leben, in guten und in bösen Zeiten, bergauf und bergab. Sie hatten sich im Lauf der Jahre schon alles gesagt, was zu sagen war. Sie kannten einander in- und auswendig. Da bedurfte es zwischen ihnen keiner großen Worte mehr. Das Ziel ihres Weges war es, das ihre Gedanken vor allem erfüllte. Ihm hofften sie an jeder neuen Wegbiege entgegen. Ihr Ziel war das Paradies. Wie aber das Paradies im einzelnen aussehe, darüber gingen die Meinungen der drei weit auseinander. Und sie warteten gespannt darauf, wer recht habe.

Eines Tages kamen sie an den Fuß eines gewaltigen, steilen Bergrückens, der die Ebene wie ein Riegel abschloß. Ein einziger schmaler und mühsamer Pfad führte zwischen Felsen hinauf, gerade so breit, daß ein Mensch ihn gehen konnte.

»Was für ein Land liegt denn auf der anderen Seite?« fragten sie die Bewohner der Gegend.

»Wir wissen es nicht«, antworteten diese. »Von uns war noch keiner drüben, richtiger gesagt: Diejenigen von uns, die hinübergingen, kamen nicht wieder zurück. Und auch Fremde wie ihr, die ihr Weg von weit her führte und die den Bergrücken hinaufstiegen, wurden nicht wieder gesehen. So wissen wir nicht, was jenseits ist. Unsere alten Leute sagen allerdings, dort liege das Paradies.«

»Das Paradies!« sagten die drei Freunde wie aus einem Munde und schauten einander mit großen

Augen an. Sollte dies endlich das Ziel ihres Weges sein?

So steil der Berg auch war, es gab kein Zögern.

Einer von ihnen ging voran, die andern halfen ihm nach Kräften weiter hinauf. Endlich war er oben. Er blickte hinüber in das Land jenseits des Berges und wandte sich kurz zurück. Man konnte sein Gesicht deutlich sehen. Er lächelte seinen Freunden zu, dann blickte er wieder nach vorn, überschritt den Bergkamm und war verschwunden.

Nun machte sich der zweite an den Aufstieg, ließ sich helfen, so gut es gehen wollte, und erreichte die Höhe. Wie der erste blickte er hinüber, wandte den Kopf kurz zu den Untengebliebenen zurück, lächelte, tat ein paar Schritte nach vorn und entschwand.

Inzwischen hatte sich eine große Menschenmenge angesammelt, voller Neugier, ob endlich das Geheimnis des jenseitigen Landes gelüftet werde, das man das Paradies nannte. Als der dritte Wanderer ebenfalls nach oben drängte, seinen beiden vorausgegangenen Freunden nach, half man ihm bereitwillig hinauf. Damit er aber nicht seinerseits auch wie Rauch entschwinden könne, band man ihm eine lange starke Schnur an den Fuß.

Gespannten Gesichts klomm er nach oben und, auf dem Gipfel angelangt, blickte er zurück, ein überraschtes und strahlendes Lächeln auf den Zügen. Doch bevor er seinerseits über den Berg hinübergehen konnte, zog man ihn am Seil zurück, herunter, und überschüttete ihn mit Fragen nach dem, was er gesehen habe. Er lächelte noch, ein bißchen traurig jetzt, und blickte sehnsüchtiger als vorher zu dem Berg hin, auf dem er gewesen war – wie einer, der jetzt genau weiß, was er sucht.

Aber auf die Fülle der Fragen nach der Beschaffenheit des Paradieses antwortete er keine Silbe. Er konnte nicht antworten. Er war stumm geworden.

Und darum hat die Neugier bis zum heutigen Tag nichts über das Paradies herausgefunden.

(Nach einer russischen Legende)

Der Fußschemel des Paradieses

In der Bretagne wird erzählt, daß ein Bewohner von Guichen sich nach seinem Tode zur Pforte des Paradieses begab, um St. Peter zu bitten, daß er ihn in den Himmel hineinlasse: er wolle mit dem lieben Gott sprechen.

»Unser Herr ist augenblicklich nicht anwesend«, erwiderte der große Türhüter, »warte ein wenig!«

Der Bittsteller war von der Krankheit, die ihn gezwungen hatte, die Erde zu verlassen, sehr erschöpft und setzte sich auf einen Teppich. Da bemerkte er auf einmal zu seinen Füßen einen goldenen Schlüssel, der ohne Zweifel aus dem Bunde des heiligen Petrus herausgefallen war. Er nahm ihn auf, schaute sich um und erblickte ein kleines Türchen mit einem Schloß, zu welchem der Schlüssel paßte. Nachdem er die Tür geöffnet hatte, befand er sich im Thronsaal, wo der liebe Gott seine Audienzen abhält, umgeben von seinen Engeln, von denen jeder auf einem silbernen Schemel sitzt. Das Gemach war leer, und der Mann aus Guichen kam auf den Gedanken, für einen Augenblick den Platz des Ewigen Vaters einzunehmen. Kaum saß er auf dem Throne, so beherrschte er auch schon unseren Planeten und bemerkte alles, was sich dort zutrug. Namentlich erblickte er einige Wäscherinnen, welche gerade ihr Leinen wuschen. Als sie ihr Linnenzeug über den Ginsterstauden eines Abhangs ausgebreitet hatten, gingen sie fort, um ihr Mittagsmahl einzunehmen. Ein schlauer Dieb erspähte diesen Augenblick, schlich sich hinter einem Gebüsch hervor, packte die Wäsche, band sie mit einem Ginsterzweig zusammen und verschwand damit. Der stellvertretende liebe Gott ärgerte sich über einen solchen Diebstahl; er ergriff einen der silbernen Schemel und warf ihn in der Richtung des Spitzbuben. Da aber der Biedermann aus Guichen in diesem Augenblick ein Geräusch hörte, stieg er geschwind vom Thron herab, kehrte auf seinen Teppich zurück und ließ den lieben Gott und seine Engel ihren Platz wieder einnehmen. Der Ewige Vater merkte sofort, daß ein Schemel fehlte; er fragte St. Peter, was er damit gemacht hätte.

»Durchaus nichts!« erwiderte der Türhüter. »Er könnte höchstens«, fügte er hinzu, »von dem Manne, der an der Tür steht und Euch sprechen will, gestohlen worden sein.«

»Laß ihn eintreten!« sagte der liebe Gott.

»Hast du den Schemel genommen, der sich zu meiner Linken befand?«

»Ja, Herr, ich habe ihn wohl genommen, aber ich habe ihn nicht behalten.«

»Was hast du denn damit gemacht?«

»Ich habe ihn einem Dieb an den Kopf geworfen, welcher das Leinen der Wäscherinnen gestohlen hat.«

Der Ewige Vater brach in ein lautes Gelächter aus und rief: »Pest! Wie schroff du vorgehst! Wenn ich alle Diebe erschlagen wollte, die auf Erden wandeln, so wäre es mit der Welt auf einmal aus.«

(Bretonisches Märchen)

Warten auf den lieben Gott

Es war einmal eine alte Frau, der hatte der liebe Gott versprochen, sie heute zu besuchen. Darauf war sie nun natürlich nicht wenig stolz. Sie scheuerte und putzte, buk und tischte auf. Und dann fing sie an, auf den lieben Gott zu warten.

Auf einmal klopfte es an die Tür. Geschwind öffnete die Alte, aber als sie sah, daß draußen nur ein armer Bettler stand, sagte sie: »Nein, in Gottes Namen, geh heute deiner Wege! Ich warte eben gerade auf den lieben Gott, ich kann dich nicht aufnehmen!«

Und damit ließ sie den Bettler gehen und warf die Tür hinter ihm zu.

Nach einer Weile klopfte es von neuem. Die Alte öffnete diesmal noch geschwinder als beim ersten Mal. Aber wen sah sie draußen stehen? Nur einen armen, alten Mann.

»Ich warte heute auf den lieben Gott. Wahrhaftig, ich kann mich nicht um dich kümmern!«

Sprach's und machte dem Alten die Tür vor der Nase zu.

Abermals eine Weile später klopfte es von neuem an die Tür. Doch als die Alte öffnete – wer stand da, wenn nicht schon wieder ein zerlumpter und hungriger Bettler, der sie inständig um ein wenig Brot und um ein Dach über dem Kopf für die Nacht bat.

»Ach, laß mich in Ruhe! Ich warte auf den lieben Gott! Ich kann dich nicht bei mir aufnehmen!«

Und der Bettler mußte weiterwandern, und die Alte fing aufs neue an zu warten.

Die Zeit ging hin, Stunde um Stunde. Es ging schon auf den Abend zu, und immer noch war der liebe Gott nicht zu sehen. Die Alte wurde immer bekümmerter. Wo mochte der liebe Gott geblieben sein?

Zu guter Letzt mußte sie betrübt zu Bett gehen. Bald schlief sie ein. Im Traum aber erschien ihr der liebe Gott. Er sprach zu ihr: »Dreimal habe ich dich aufgesucht, und dreimal hast du mich hinausgewiesen!«

Von diesem Tage an nehmen alle, die von dieser Geschichte erfahren haben, alle auf, die zu ihnen kommen. Denn wie sollen sie wissen, wer es ist, der zu ihnen kommt? Wer wollte denn gern den lieben Gott von sich weisen?

(Nach einem Zigeunermärchen)

Der Platz vorn und der Platz hinten

Als der gute Jesus und Sankt Peter noch durch die Welt gingen, trug es sich einmal zu, daß sie an einem Haus vorbeikamen, anklopften und der gute Jesus sagte: »Gelobt sei Gott!« – »In Ewigkeit Amen!« antwortete eine Stimme aus dem Haus heraus.

Es war die Herrin des Hauses, die drinnen arbeitete, und nun kam sie heraus, um zu sehen, wer da sei.

Der gute Jesus sagte zu ihr: »Würdet Ihr uns Quartier geben für die Heilige Nacht?« – »Das könnt Ihr haben«, sagte die Hausherrin, »aber was ich Euch sagen muß, Brüder, wir hausen hier so unzulänglich, daß wir Euch zum Liegen nur einen Strohsack anbieten können, den wir in einem Winkel der Kammer des Großvaters auf die Erde legen werden; der Großvater allerdings ist ein wenig übellaunig.«

»Aber wir begehren ja nicht mehr!« sagte der gute Jesus. »Alles, war Ihr uns geben werdet, nehmen wir mit Handkuß und sind Euch dankbar dafür.«

»Das Stroh im Strohsack«, sagte die Hausherrin, »ist, wie ich Euch versichern kann, frisch und der

Sack gut gestopft, und es hat noch niemand darauf gelegen.« – »Also werden wir wie die Päpste liegen!« sagte Sankt Peter. – »Es ist halt nur das«, sagte die Hausherrin, »daß Ihr auf der Erde liegen müßt, weil wir es noch nicht soweit gebracht haben, um ein Bettgestell mit vier Pfosten dazu machen zu lassen, worauf man dann den Strohsack hätte legen können.«

»Das ist keine Sache von Bedeutung!« sagte der gute Jesus. »Habt Ihr noch nie sagen hören: Ein Hab-ich ist besser als ein Hätt-ich.« – »Ja, Brüder, das habe ich auch schon sagen hören!« entgegnete die Hausherrin. »Und wie wahr es ist! Wie treffend gesagt!«

Unter derlei Gerede zwischen der Hausherrin, dem guten Jesus und Sankt Peter verging die Zeit, und zu seiner Stunde kam der Hausherr mit seinen Knechten von der Arbeit heim. Sie hörten gerade noch den Rest der Unterhaltung mit dem guten Jesus. Von Sankt Peter aber hörten sie nichts, denn er pflegte still zu sein, solange der gute Jesus das Wort führte, weil er es mit jenem Pfarrer hielt, der da sagte: »Solange ich predige, hat die Orgel zu schweigen!«

Mit dem wurde es langsam finster, und so betete man den Rosenkranz und schickte eine Reihe von Vaterunsern zu den Heiligen im Himmel hinauf, dann aß man zu Abend und ging, um sich niederzulegen: der Hausherr und seine Frau ins Bett, die Knechte auf den Heuboden, der Großvater in seine

Kammer, dorthin auf den Strohsack der gute Jesus und Sankt Peter.

Der Großvater betete seine vier Vaterunser, zum Einschlafen, wie er zu sagen pflegte, und – wums! – schon war er ins Bett gesprungen.

Der Arme litt unter einem sehr leichten Schlaf, so daß er bei dem geringsten Geräusch nicht einschlafen konnte, oder wenn er schon eingeschlafen war, wieder aufwachte. Und so schaffte es ihm Verdruß, daß der gute Jesus und Sankt Peter, kaum daß sie sich auf ihrem Strohsack niedergelegt hatten, anfingen, ein Vaterunser hinter dem andern herzuschicken, und immer mehr Vaterunser. Der gute Jesus betete leise, aber Sankt Peter ganz laut, so daß der gute Jesus flüsterte: »Peter, bete nicht so laut! Du hinderst ja den Großvater am Einschlafen, und das ist – zumal in einem fremden Hause – nicht gut.«

Sankt Peter betete nun ein Weilchen leiser, dann kehrte er aber wieder zu seinem lauten Gemurmel zurück.

Der Großvater hörte sich das wohl eine Weile an, ohne etwas zu sagen, weil er bei sich dachte: »Es sind eben fremde Leute.« Aber als er allmählich merkte, daß dieses Gemurmel nicht enden wollte, konnte er nicht mehr an sich halten und rief aus seinem Bett heraus: »Aber mein Guter! Willst du denn überhaupt nicht aufhören? Merkst du denn nicht, daß die andern schlafen wollen?«

»Hast du's gesehen, Peter?« flüsterte der gute Jesus leise. »Habe ich es dir nicht gesagt, daß du leiser beten sollst?« – »Das ist wahr, Meister«, antwortete Sankt Peter, »es ist halt, daß ich es selber nicht merke.«

Sankt Peter fuhr fort, seine Vaterunser zu beten, nun für eine Weile flüsternd. Aber dann begann er doch langsam wieder lauter zu murmeln, und an einem bestimmten Punkt kehrte er zur alten Lautstärke zurück. Der Großvater aber, als er ihn wieder so laut hörte, machte kurzen Prozeß, sprang aus dem Bett, ergriff einen Riemen, den er für alle Fälle im Hause hatte, und ging zu dem Strohsack, von dem das Gemurmel ausging. Zu seinem Pech lag Sankt Peter vorn und der gute Jesus hinten, und so bekam er all die Hiebe, welche der Großvater herniederprasseln ließ.

Als der Großvater müde von der Prügelei geworden war, kehrte er in sein Bett zurück. Nachdem sich Sankt Peter von der Tracht Prügel ein wenig erholt hatte, sagte er leise – so daß man ihn kaum mehr verstehen konnte – zum guten Jesus: »Mein Meister, laß mich doch nach hinten rutschen! Denn es hat mir viel Unheil eingebracht, daß ich vorn gelegen habe.« – »Gut, rutsch hinüber!« sagte der gute Jesus. »Sehen wir, ob es dir dort besser ergeht mit deinem Gemurmel, das du so laut von dir geben mußt!« Sankt Peter tat das, so leise er konnte.

Und was soll ich euch sagen? Sankt Peter kehrte bald wieder zu seinem lauten Blabla zurück, ohne sich zu fürchten, und jener launische Großvater, der nun von neuem den Spektakel hörte, konnte es nicht mehr aushalten. Er sprang abermals aus dem Bett und ergriff den Riemen. Dann ging er zum Strohsack und sagte: »Voriges Mal habe ich den verdroschen, der vorne lag; dieses Mal soll derjenige drankommen, der hinten liegt!«

Und es waren ganz schöne Hiebe, die er dem hinten versetzte! Und wenn er das erste Mal schon stark zugeschlagen, um so kräftiger fiel die Prügelsuppe beim zweiten Mal aus. Er schlug so lange zu, bis ihm endlich der Atem ausging.

Nun hatte Sankt Peter nicht mehr im Sinne, Vaterunser aufzusagen, denn er war mehr zerschlagen als der Esel eines Holzhauers. Er wagte sich kaum mehr zu rühren und schlief endlich ein. Und nie mehr wollte er in einer Kammer liegen, wo es launische und empfindliche Großväter gab.

Und wer es nicht glaubt, der mag selber suchen gehen.

(Märchen aus Mallorca)

Gottvater und das Schicksal

Damals, als Gottvater und Sankt Peter als Wanderer unterwegs auf der Erde waren, brach einmal ein Winter mit Macht herein. Alles war schneebedeckt, das Wetter stürmisch und kalt.

Da ging es eines Tages auf den Abend zu, und sie fingen an, sich nach einem Nachtquartier umzusehen. Da kamen sie zu einem Dorf. Sie klopften auf einem der Höfe an und baten, ob sie wohl für die Nacht ein Dach über dem Kopf bekommen könnten. Aber die Leute dort warfen sie hinaus. Und so erging es ihnen überall. Wohin sie auch kamen, überall schlug man ihnen die Tür vor der Nase zu. Zu guter Letzt war nur noch eine Hütte im Dorf übrig. Und als sie dort anklopften, öffnete ihnen eine Frau die Tür.

»Guten Tag, liebe Frau«, grüßte Gottvater.

»Guten Tag, liebe Fremdlinge!« antwortete die Frau freundlich.

»Können wir wohl über Nacht Herberge bei dir finden?«

»Ach, es ist eine Sünde und Schande, daß ich euch nicht helfen kann. Aber ihr seht ja selbst, wie es um mich bestellt ist. Ich stehe in Gottes Hand und warte jeden Augenblick darauf, mein Kind zu bekommen. Es wäre doch eine Schande vor Gott und den Menschen, wenn ihr meine Plagen mit anhören und ansehen solltet.«

»Ach, liebes Kind«, sagte Gottvater, »mach dir darüber keine Sorgen. Das ist ja das Los aller Frauen. Wenn deine Stunde gekommen ist, gehen wir auf den Boden hinauf oder ins Vorhaus hinaus.«

»Nun ja, dann kommt herein. Meinetwegen könnt ihr gerne bleiben. Aber ich glaube nicht, daß ihr viel Nachtruhe finden werdet.«

So traten Gottvater und Sankt Peter zufrieden in die Stube ein. Die Frau teilte mit ihnen, was ihre Armut besaß, und setzte ihnen das bißchen Essen vor, das sie im Haus hatte.

»Mein Mann ist im Walde. Es dauert viele Tage, bis er nach Hause kommt.«

»Dann ist es ja gut, daß wir bei dir sind, wenn du so allein bist«, sagte Gottvater.

Wie es nun so ging – mitten in der Nacht kam die Stunde der Frau.

Da sprach Gottvater: »Du, Peter, es hilft nichts, du mußt gehen und versuchen, eine Frauensperson zu Hilfe zu holen. Hier taugen Mannsleute wenig.«

Und Sankt Peter mußte wohl oder übel in die Kälte und das Unwetter hinaus. Er ging von einem Hof zum anderen, aber da gab es niemand, der der Frau beistehen wollte. Also mußte er zum nächsten Dorf gehen, und dort endlich fand er ein altes Weib, das sich auf solche Dinge verstand, wie sie jetzt von ihm verlangt wurden. Aber auch diese Alte hatte nicht viel Lust mitzukommen.

»Wie kommst du darauf, daß ich bei solch einem Wetter hinaus möchte?« sagte sie.

»Du mußt!« sagte Sankt Peter ein wenig ungeduldig, denn jetzt fand er, er hätte sich weidlich Mühe gegeben, eine geeignete Hilfe aufzutreiben. Mit viel Geschwätz und Geschrei bekam er das alte Weib auch schließlich so weit, daß sie zu kommen versprach – aber nur unter der Bedingung, daß er ihr gelobte, sie den ganzen Weg zu der Frau auf dem Schlitten zu ziehen. Und nun mußte Sankt Peter abermals hinaus und einen Schlitten auftreiben. Auch das war nicht im Handumdrehen besorgt, und also war Sankt Peter nicht gerade bei bester Laune, als er die Alte zu guter

Letzt bat, Platz zu nehmen. Dann stapfte er mit ihr los, plackte sich ab, schwitzte und zog, und das alte Weib hinter ihm babbelte vor sich hin und schimpfte, daß sie bei diesem Unwetter mitten in der Nacht hatte hinaus müssen.

Noch waren sie nicht lange unterwegs. Es war dunkel, und die Schneewehen waren hoch, und da plötzlich – hast du nicht gesehen! – kippte der Schlitten ein wenig, und das alte Weib fiel kopfüber in den Schnee, ohne daß Sankt Peter das bei dem Schneetreiben merkte. Zornig keifend raffte die Alte sich auf, sah, daß Peter mit dem Schlitten schon weitergegangen war, und machte sich ihrerseits spornstreichs auf den Rückweg nach Hause, im Grunde froh, des mühsamen Auftrags ledig zu sein.

»Du bist lange ausgeblieben, Peter«, sagte Gottvater schon auf der Treppe, als er den Schlitten kommen hörte. »Wo hast du die Wehmutter?«

»Aber ... ? Was ist denn das, in des Herrgotts Namen!? Ich habe das Weibsbild verloren!« schrie Sankt Peter. »Was machen wir jetzt?«

»Na, na, es ist inzwischen alles gut abgegangen. Die Frau hat es schon hinter sich. Ich selber habe ihr beistehen müssen, so gut ich's verstand.«

»Na, das war ja gut. Wie ging es? Was ist es geworden?«

»Ein prächtiger Junge! – Aber denkst du so wie ich, Peter, dann bleiben wir ein paar Tage hier und helfen unserer Wirtin, bis das Schlimmste überstanden ist.«

Und dagegen hatte Sankt Peter nichts einzuwenden, namentlich da das Unwetter anhalten zu wollen schien. Sie taten sich um und versorgten nach besten Kräften die Frau und das Kind, und alles ging, wie es gehen sollte.

Am Abend des dritten Tages sagt Sankt Peter: »Jetzt ist das Kind drei Tage alt. Heute nacht kommen die Schicksalsfrauen und geben dem Jungen sein Schicksal.«

»Richtig, richtig, Peter«, meint Gottvater. »Wir wollen uns anhören, was sie zu sagen haben. Wir setzen uns nach oben, auf den Boden; dann können wir lauschen, was sie sagen.«

Und wie es gesagt war, ward es getan. Die beiden kletterten auf den Boden hinauf und wachten dort, bis die drei Schicksalsfrauen kamen. Um Mitternacht traten sie ein. Sie gingen zum Bett, wo die Mutter nach altem Brauch eine Flasche Wasser und drei kleine Kringel hingestellt hatte. Die erste sagte: »Dieser Knabe soll sich eines guten Glücks erfreuen.«

»Er soll beliebt sein, solange er lebt«, sagte die zweite.

»Wenn dieser Knabe zwanzig Jahre alt wird, soll er heiraten. Am selben Tag ertrinkt er«, sagte die dritte der Schicksalsfrauen. Und damit gingen sie ihrer Wege.

Sankt Peter guckte Gottvater an.

»Aber hast du denn nicht gehört, was die gesagt haben? Du bist doch schließlich Gottvater! Kannst du denn dieses schwere Schicksal für den armen Jungen nicht ändern?«

»Lieber Peter, dagegen kann man nichts machen. Ein Schicksal ist wie das andere. Freilich bin ich es, der alles regiert, aber die Schicksalsfrauen haben ihre Macht von mir bekommen. Diese Macht kann ich ihnen nicht so einfach wieder wegnehmen.«

Sankt Peter brummte, aber was sollte er machen! Er sagte: »Wäre ich an deiner Stelle – ich wüßte schon, was ich täte. So etwas würde ich wahrhaftig nicht zulassen.«

»Das Schicksal kann niemand ändern, mein lieber Peter.«

Die Tage liefen weiter. Das Kind sollte getauft werden. Gottvater erbot sich, Gevatter zu stehen, und Sankt Peter dazu, und das Kind bekam einen richtig feinen Namen. Als das vorüber war, sagte Gottvater Lebewohl.

»Gebt nun gut auf euren Jungen acht!« meinte er, als er ging. »Wenn er zwanzig Jahre alt wird, wird er heiraten. Paßt dann aber wohl auf ihn auf, daß er nicht in Wassernot gerät und ertrinkt!«

Die Jahre gingen hin. Bald war der Knabe zwanzig Jahre alt und sollte heiraten. An seinem zwanzigsten Geburtstag sollte die Hochzeit sein. Seine Mutter aber hatte den Rat Gottvaters wohl im Sinn behalten, und als der Hochzeitszug zur Kirche gehen sollte, mußte auf ihr Geheiß ein weiter Umweg gemacht werden, damit es nicht nötig wäre, über einen Bach zu setzen. Alles ging gut. Der Junge wurde getraut, und der Hochzeitszug kehrte zurück. Doch als sie nun den Weg entlangfahren – was geschieht da? Es fängt an zu nieseln. Den Pferden wird der Schwanz ein wenig naß, und als eins von ihnen damit wedelt, spritzt ein kleiner Tropfen auf den Bräutigam, und gleich ist er tot.

Aber wie schon zwanzig Jahre früher waren Gottvater und Sankt Peter auch heute unterwegs und wanderten über die Erde. Und gerade als der Hochzeitszug vorfuhr, kamen sie zu dem Hof des Bräutigams.

»Glück und Segen für das Brautpaar!« grüßte unser Herr.

»Ach, was sagst du da! Der Bräutigam ist doch tot! Willst du uns in all unserem Unglück noch höhnen?«

»Liebe Kinder, mein Wunsch kam aus der besten Absicht«, antwortete Gottvater, und zu Sankt Peter sagte er: »Siehst du, Peter, jetzt haben die Schicksalsfrauen das Ihre getan. Jetzt wollen wir mal sehen, was ich noch tun kann!«

Und damit ging Gottvater zum Wagen und erweckte den toten Bräutigam wieder zum Leben. So endet diese Geschichte ...

(Nach einer Zigeunerlegende)

Das Ehegeheimnis

Wieder einmal waren unser lieber Herr und Petrus auf Wanderschaft durch die Gaue der Erde. Einmal aber hatten sie sich verlaufen und wußten nicht genau, wo der rechte Weg weitergehe. Doch war ein

Schäfer in der Nähe, der ließ seinen Hund die Hütearbeit tun, lag faul auf dem Rücken und ruhte sich aus. Ihn fragte unser lieber Herr nach dem Weg.

Der Faulpelz von Schäfer aber machte den Mund nicht auf; er hob bloß seinen Fuß ein kleines bißchen in die Höhe und zeigte damit die Richtung, in die der Weg weitergehe. Als die beiden wieder unterwegs waren, sagte Petrus empört: »Was war das für ein fauler Kerl! Es ist doch gut, daß man solche Leute nicht alle Tage trifft. Das könnte einem ja die Freude an der Menschheit verderben.«

Kurze Zeit darauf trafen sie ein Mädchen, das fleißig auf dem Feld arbeitete. Unser lieber Herr fragte auch sie nach dem Weg. Da sprach das Mädchen: »Ihr könnt euch hier leicht verlaufen. Ich will lieber ein Stück mit euch gehen.«

Damit legte sie die Hacke hin und begleitete die beiden Wanderer ein ganzes Stück Weges.

Als sie wieder umgekehrt war, sprach Petrus: »Welch ein nettes und fleißiges Mädchen, so zuvorkommend und dabei so frisch und sauber! Die muß aber auch einen guten Mann kriegen.«

Da sagte unser lieber Herr: »Sie kriegt den faulen Schäfer.«

»Was!« rief Petrus, »den Faulpelz von Schäfer? Warum denn das?«

»Der eine muß den andern ergänzen«, sagte unser lieber Herr.

(Nach einer westfälischen Legende)

Der Segen Gottes

Es waren einmal zwei Nachbarn. Der eine war arm, der andere reich. Aber das hinderte sie nicht daran, gute Freunde zu sein.

Eines Tages, als sie von diesem und jenem plauderten, sagte der Reiche zu seinem Nachbarn: »Glaube mir, es geht doch nichts darüber, wenn man genügend Geld hat!«

»Gewiß ist das Geld eine feine Sache, wenn man es hat«, antwortete der Arme. »Aber es hilft nichts ohne den Segen Gottes.«

Darüber begannen sie nun zu streiten. Und als keiner den anderen von dessen Meinung abbringen konnte und ihre Stimmen zunehmend lauter und schärfer wurden, sagte der Reiche schließlich: »Mein Freund, es führt zu nichts, daß wir hier Meinung gegen Meinung stellen. Wir wollen doch einmal ganz praktisch die Probe aufs Exempel machen. Wir gehen jetzt miteinander in die Stadt. Ich gebe dem erstbesten armen Mann, der uns in den Weg läuft, zweihundert Goldstücke. Du wirst sehen, daß ihn nichts daran hindern wird, mit deren Hilfe ein reicher Mann zu werden.«

Gesagt, getan. Sie gingen miteinander in die Stadt und suchten Quartier bei einem armen Seiler, der sich zwar zum Bau eines kleinen Hauses entschlossen hatte, aber mit dem Bau nicht weit gekommen war, ehe ihm das Geld ausging. Das Haus war erst zur Hälfte fertig. Es fehlten ihm noch Dach, Türen und Fenster.

»Warum baust du das Haus nicht zu Ende?« fragte der reiche Mann den Seiler.

»Ach, womit?« antwortete der Mann. »Ich habe kein Geld mehr dafür. Was ich verdiene, reicht gerade, daß meine Frau und meine Kinder nicht Hungers sterben.«

»Wenn es nur daran liegt! Hier hast du zweihundert Goldstücke. Du kannst damit machen, was du willst. Ich will sie nicht zurückhaben. Aber ich werde nach einem halben Jahr wiederkommen, um mich davon zu überzeugen, welchen Nutzen dir mein Geld gebracht hat.«

Darauf kehrten die beiden Freunde in ihr Heimatdorf zurück.

Der Seiler machte sich zuerst einmal daran, auf dem kürzesten Weg einzukaufen, was nötig war, um den Hunger der Seinigen zu stillen, und was er für seinen Beruf brauchte. Er gab zehn Goldstücke aus und tat den Rest der Münzen in das Futter seiner Mütze.

Als er aber auf dem Heimweg war, stieß plötzlich ein Adler herab und riß ihm das Stück Fleisch, das er trug, aus der Hand. Er beugte sich zurück, um den Vogel zu fangen. Dabei fiel ihm die Mütze vom Kopf. Der Adler sah die glänzenden Goldstücke, stieß nochmals herab, ergriff die Mütze und flog davon.

Es fehlte nicht viel, so wäre der arme Seiler vor Kummer gestorben. Aber schließlich tröstete er sich mit dem alten Sprichwort: »Wie gewonnen, so zerronnen.«

Ein halbes Jahr später kamen die beiden Freunde wieder in die Stadt und waren höchst erstaunt, als sie das Haus des Seilers noch im gleichen halbfertigen Zustand fanden.

»Was hat das zu bedeuten?« fragte der reiche Mann. »Was hast du denn mit all dem Geld gemacht?«

Da berichtete ihnen der Seiler von dem Unglück, das ihn betroffen hatte, und es gelang ihm, das Herz des reichen Mannes so zu rühren, daß dieser ihm noch einmal zweihundert Goldstücke aushändigte.

Der arme Seiler gab wieder zehn Goldstücke für die notwendigsten Einkäufe aus und versteckte den Rest des Geldes, ohne seiner Frau etwas davon zu sagen, auf dem Boden eines Topfes, der voll Kleie war.

Einige Tage später wollte die Frau des Seilers die Mittagssuppe salzen und stellte fest, daß ihr Salzfaß leer war. Da sie kein Geld hatte, nahm sie den Topf mit Kleie und trug ihn zum Krämer, der ihr dafür ein Kilo Salz gab. Am nächsten Morgen wollte der Seiler nachsehen, ob der Topf mit Kleie noch an seinem Platz sei, und als er ihn nicht fand, fragte er seine Frau, was sie damit gemacht habe. »Ich habe ihn zum Krämer getragen und für Salz eingetauscht.«

»Ach du Unglückliche, was hast du getan!« rief ihr Mann, und er erzählte ihr von dem versteckten Geld.

Sie wagten jedoch nicht, den Topf mit Kleie vom

Krämer zurückzufordern, denn sie fürchteten Mißtrauen und Verdacht zu erregen. So schickten sie sich darein, das Kreuz ihrer Armut weiterzutragen, ohne sich gegenüber irgendeinem Menschen zu beklagen.

Ein halbes Jahr später begaben sich die beiden Freunde erneut in die Stadt und waren noch verblüffter als vorher, daß das Haus des Seilers noch ganz genauso halbfertig dastand. »Das ist ja nun wirklich ein zu starkes Stück!« rief der Reiche. »Du bist ein undankbarer Kerl, und ich werde mich jetzt gewiß nicht mehr darum kümmern, was aus dir wird!«

Der Seiler konnte schwören, wie er wollte, das alles sei nicht sein Fehler gewesen und er habe das Geld nicht leichtfertig ausgegeben. Die Freunde glaubten ihm nicht mehr und brachen sehr ärgerlich aus seinem Hause auf.

»Siehst du, mein Freund«, sagte da der Arme, »das Geld ist nichts wert, wenn nicht der Segen Gottes dazukommt.«

Gerade als sie den Hof durchquerten, sah der Arme ein Stückchen Blei auf dem Boden liegen. Er hob es auf, kehrte zu dem Seiler zurück und sagte: »Hier ist ein Stückchen Blei. Früher oder später wirst du es gebrauchen können.«

Der Seiler nahm das Blei und legte es mechanisch in eine Schublade.

Nach wenigen Wochen kam eine Nachbarin in sein Haus und sagte: »Lieber Nachbar, habt Ihr nicht ein Stückchen Blei, das Ihr mir geben könnt? Mein Mann braucht es dringend, um sein Netz in Ordnung zu bringen. Dafür soll Euch auch der erste Fisch gehören, den er fangen wird.«

Da entsann sich der Seiler des Stückchens Blei, das er in die Schublade gelegt hatte. Er holte es und gab es der Nachbarin. Am nächsten Tag brachte diese ihm einen großen Hecht. Seine Frau schnitt ihn auf, um ihn zuzubereiten, und fand zu ihrem Erstaunen im Magen des Fisches einen glitzernden Stein von der Größe einer Nuß. Als ihre Kinder den schönen Stein erblickten, schrien sie aus Leibeskräften durcheinander: »Gib ihn mir, Mutter! Mir! Nein, mir! Nein, mir!«

Jeder wollte den Stein haben.

Das vielstimmige Geschrei lockte den Goldschmied an, der seinen Laden nur ein paar Schritte weiter an der Straße hatte. Neugierig kam er herbei, um festzustellen, was einen solchen Lärm ausgelöst habe.

»Es ist gar nichts von Bedeutung«, sagte die arme Frau. »Ich habe nur gerade im Magen dieses Fisches einen schönen Stein gefunden. Den möchte nun jedes der Kinder haben. Daher machen sie soviel Geschrei.«

Der Goldschmied prüfte den Stein und bot der Frau dafür zehn Goldstücke an. Es handelte sich um einen schönen Diamanten, der tausendmal mehr wert war. Während sie noch verhandelten, kehrte der Mann zurück, nahm sogleich den Diamanten und ging geradewegs zum Königshof, um ihn dort zu verkaufen.

Zwei Jahre waren vergangen. Eines Tages kamen

die beiden Freunde überein, miteinander in die Stadt zu gehen, um sich nach dem Geschick des Seilers zu erkundigen. Da fanden sie anstelle des alten, nur halbfertigen Hauses einen prachtvollen Palast vor, und als sie sich erkundigten, wem er gehöre, erfuhren sie zu ihrer Verblüffung, daß der arme Seiler von ehedem der reichste Mann der Stadt geworden sei. Sogleich suchten sie ihn auf.

Er lud sie zum Essen ein, und bei Tisch erzählte er ihnen, wie er all sein Vermögen dem armseligen Stückchen Blei verdanke, das ihm der Arme gegeben hatte.

»Und die vierhundert Goldstücke, die ich Euch gegeben habe, habt Ihr noch immer nicht wiedergefunden?« fragte der reiche Mann ein wenig ungläubig.

»Nein, und ich rufe Gott zum Zeugen an, daß ich die Wahrheit gesagt habe.«

In diesem Augenblick traten die drei Söhne des Seilers ein. Sie brachten ein großes Nest mit, das sie beim Durchstreifen des Waldes zufällig entdeckt hatten.

»Seht doch nur!« rief der Seiler aus, nachdem er das Nest genauer betrachtet hatte. »Da ist ja meine Mütze mit den hundertneunzig Goldstücken darin!«

Einige Augenblicke später trat der Kutscher ein und sagte: »Herr, ich bin, wie Ihr es mir aufgetragen habt, zu dem Kaufmann hier in der Nähe gegangen, um Hafer zu kaufen. Aber er hatte im Augenblick gerade keinen. Er wird uns morgen welchen schicken. Damit aber in der Zwischenzeit die Pferde ihr Futter bekommen, hat er mir ein bißchen Kleie mitgegeben.« »Aber seht doch nur, seht doch!« rief der Seiler. »Das ist doch unser alter Kleietopf!«

Schnell ergriff er ihn, schüttete seinen Inhalt auf den Tisch aus und fand auf dem Boden des Topfes die anderen hundertneunzig Goldstücke.

Völlig überwältigt sprach der Reiche da zu seinem Freund: »Ich erkläre mich für besiegt. Ich sehe nun selbst, daß das Geld nichts wert ist, wenn nicht der Segen Gottes dazukommt.«

(Nach einer ungarischen Volkserzählung)

Vom Nutzen der alten Leute

Wenn die Leute alt werden, beginnen oder verschärfen sich für sie die Tage, von denen es heißt, daß sie uns nicht gefallen. Und wenn schon den Alten das Altern nicht gefällt, so gefallen die Alten auch nicht unbedingt den Jungen. Wenn man diese hört, so stehen ihnen die Alten oft im Weg; sie können nichts Rechtes mehr arbeiten; sie erweisen sich als starrsinnig und nur von rückwärts bestimmt; sie vergessen, daß sie auch einmal jung waren; sie vergessen überhaupt so vieles. Ihr Körper und Geist lassen nach, viele Schwächen und Krankheiten erfordern Pflege und damit Kräfte, die man für andere, zweckhaftere Dinge einsetzen könnte. So klagen die Jungen, seit es Alte gibt. Und darum war es früher bei manchen Völkern üblich, nicht nur die schwächlichen Kinder beizeiten in der Wildnis auszusetzen, sondern auch die alten Menschen, wenn sie hinfällig wurden und nicht mehr arbeiten konnten, in die Berge zu tragen, wo sie Wind und Wetter und wilden Tieren ausgesetzt wurden oder förmlich Hungers sterben mußten. Aber geben körperliche Kraft und Leistungsfähigkeit den rechten Ausschlag bei der Beurteilung eines Menschen? Hört, wie es in alten Zeiten in einem Lande erging, in dem es Sitte, ja sogar Vorschrift und Ordnung war, die alten Menschen zu einem grausamen Tod ins Gebirge zu tragen.

Wie es diese Sitte gebot, lud eines Tages ein junger Mann seinen alt gewordenen Vater auf die Schultern und trug ihn von daheim fort. Als er ihn schon ziemlich hoch in die Berge über die Waldregion gebracht hatte, hob er ihn von den Schultern und setzte ihn auf den Boden, um ihn da seinem Schicksal zu überlassen.

Der Alte hatte bisher kein Wort gesagt. Die Last war ja für den Sohn schon schwer genug, die äußere und die innere. Nun aber hob der Vater den Kopf und blickte seinen Sohn bittend an.

»Sei doch so gut und laß mich nicht an diesem Ort hier sterben. Trag mich bitte noch ein wenig höher!«

»Warum möchtest du das?« fragte der junge Mann. »Diese Stelle ist doch genauso gut wie eine andere – hoch im Gebirge und fern von den Menschen. Was gefällt dir hier nicht?«

»Ach, lieber Sohn«, antwortete der Vater, »wie könnte einem das Grab seines Vates gefallen? Als ich so alt war wie du jetzt, habe ich meinen eigenen Vater, da er ein Greis geworden war, hier heraufgebracht, gerade an diese Stelle, damit er Hungers stürbe, so wie ich hier im Gebirge sterben werde. Aber du kannst doch sicher verstehen, daß es mir lieber wäre, wenn du mich nicht gerade hier absetzen würdest. Bitte hör doch noch dieses eine Mal auf mich und trag mich noch ein wenig höher hinauf!«

Schweigend hob der Sohn seinen Vater auf, lud ihn sich wieder auf die Schultern und trug ihn ein Stück höher den Abhang hinauf. Aber während er ihn so trug, klangen die Worte des Vaters in ihm nach, und das alles ging ihm durchs Herz.

»Verflucht sei der Mensch«, sagte er bei sich, »der diese Sitte eingeführt hat, daß die alten Leute umgebracht werden müssen, bevor der Tod sie selber holt. Daß man den eigenen Vater in die Berge tragen und dort Hungers sterben lassen muß. Denkt denn sonst keiner daran, daß der Mensch das, was er einem anderen zufügt, auch selbst zurückerhält und daß man sich zu den Leuten nicht anders verhalten soll, als man es sich selber von ihnen wünscht? Wenn das mit dem Aussetzen der alten Leute so weitergeht wie bisher, dann wird mich mein Sohn auch genauso hertragen, wenn ich alt bin, wie ich es jetzt mit meinem Vater tue, und ich werde hier dann ebenfalls Hungers sterben. Das ist doch einfach schrecklich! Ein Mord reiht sich an den andern, und gar der Mord am eigenen Vater, der einem das Leben gab! Nein, ich will nicht, daß es immer so weitergeht, ich will das alles nicht mehr! Ich trage jetzt meinen alten Vater einfach wieder nach Hause. Ich werde ihn pflegen, und er soll sterben, wann er will oder wann Gott es für ihn bestimmt. Wäre es nicht immerhin denkbar, daß man auf solche Weise diese grausame Sitte abschaffen könnte? Aber noch darf niemand etwas von meinem Vorhaben wissen. Meine Freunde und Nachbarn würden mich nicht nur verlachen, sie würden meinem Vater und mir vielleicht sogar noch Schlimmeres antun. Ich werde also meinen Vater heimlich nach Hause bringen und dort verborgen halten.« Als er das alles genau überlegt hatte, wartete er, bis es dunkel wurde, hob seinen Vater wieder auf seine Schultern und trug ihn nach Hause zurück.

Dort brachte er ihn in ein abseits gelegenes Zimmer und pflegte ihn so, wie man seinen Vater pflegt. Keiner – weder Nachbarn noch Freunde – wußte, daß der junge Mann seinen Vater wieder im Hause hatte. Jeden Abend, wenn er vom Basar, wo er eine Werkstatt hatte, nach Hause kam, sprach er die Ereignisse des Tages mit seinem Vater durch und befragte ihn über das, was er gesehen und gehört hatte. So lernte er täglich etwas von seinem Vater. Und er bedankte sich dafür immer wieder bei ihm, und der Vater verwunderte sich über das alles.

Nun war auch der Fürst dieses Landes seit langem sehr bekümmert darüber, daß man die alten Leute in die Berge trug, um sie dort Hungers sterben zu lassen. Doch da dies seit alters Sitte und Recht in seinem Lande war, konnte er es nicht ohne weiteres abschaffen. Trotzdem gab er den Gedanken an eine Änderung dieses Brauches nicht auf, sondern überlegte immer wieder, wie er die Söhne davon abbringen könne, ihre alten Väter in die Berge zu tragen.

So ließ er eines Tages den Befehl ausgehen, daß alle jungen Männer sich an einem bestimmten Zeitpunkt vor ihm versammeln sollten. Und als sie alle da waren, sprach er zu ihnen: »Hört zu, ihr jungen Männer! Ich will euren Gehorsam und eure Ergebenheit prüfen. Darum befehle ich euch, mir eine Kette aus Sand zu machen. Dazu gebe ich euch drei Tage Zeit. Wenn ihr sie macht, ist es gut, wenn nicht, dann ist das klarer Ungehorsam, und allen Ungehorsamen werde ich die Köpfe abschlagen lassen.«

Die jungen Leute verneigten sich vor dem Fürsten, zum Zeichen, daß sie verstanden hatten, und machten sich sogleich daran, eine Kette aus Sand anzufertigen. Sie kamen alle an einer Stelle zusammen und begannen mit der Arbeit. Sie klebten und klebten, aber es gelang ihnen nicht, aus dem Sand eine Kette zu machen.

Der junge Mann, der seinen Vater wieder aus den Bergen heimgetragen hatte, erzählte diesem zunächst kein Wort von dem Befehl des Fürsten. Aber je mehr der dritte Tag heranrückte, desto mehr prägte sich doch die Sorge auf seinem Gesicht aus. Schließlich sagte der Vater zu ihm: »Mein lieber Sohn, warum bist du seit zwei Tagen so stumm und traurig?«

»Wie könnte ich fröhlich sein?« erwiderte der Sohn. »Ich habe ja nur noch bis morgen zu leben. Und was wird dann außerdem aus dir? Der Fürst hat allen jungen Männern befohlen, eine Kette aus Sand zu machen, und morgen wird er uns alle enthaupten lassen, weil wir das nicht fertiggebracht haben.«

»Das also sind deine Sorgen«, sprach der Vater. »Es ist doch gut, daß ich noch lebe. Da kann ich dir in dieser Sache wenigstens einen guten Rat geben. Geht nur morgen alle zusammen zum Fürsten und sagt zu ihm: ›Erlauchter Fürst, wir haben angefangen, deinem Befehl gemäß eine Kette aus Sand zu machen. Aber wir kommen damit nicht richtig vorwärts, denn wir sind uneins über die Kette. Niemand weiß ja, ob dir die Kette gefallen wird, die wir begonnen haben. Deshalb sind wir gekommen, dich um ein Muster zu bitten, damit wir wissen, wie wir die Kette für dich machen sollen, dicker oder dünner.‹«

Als der junge Mann am nächsten Morgen im Namen seiner Altersgenossen diese Worte an den Fürsten gerichtet hatte, trat dieser höchstlich verwundert nahe an ihn heran und sagte ernst: »Junger Mann, woher hast du die Worte, die du eben hier gesprochen hast? Sie sind nicht der Weisheit deiner Jugend entsprungen. Sag mir nur ehrlich: Wer hat dir diesen Rat gegeben?«

Da erzählte der junge Mann voller Stolz, sein alter Vater habe ihn diese Worte gelehrt. Nun fragte ihn der Fürst nach dem Geschick und Ergehen seines Vaters. Der junge Mann gestand freimütig, daß er seinen Vater zunächst auf den Schultern in die Berge getragen habe, was sein Vater ihm dort gesagt und wie er ihn wieder heimgetragen hätte. Und gestern habe er ihm von der Kette erzählt, und sein Vater habe ihm geraten, was er dem Fürsten sagen solle.

»Das alles, erlauchter Fürst, habe ich von meinem Vater gelernt.«

Da freute sich der Fürst von ganzem Herzen, daß die Weisheit eines alten Mannes die Antwort erdacht hatte, die der junge Mann geben konnte. Denn nun war ein überzeugender Grund gefunden, die alten Männer künftig vor dem Tode zu bewahren.

»Habt ihr begriffen, ihr jungen Leute«, sagte er, »daß ein alter Mann euch das Leben gerettet hat? Seht, das vermag ein alter Mensch! Deshalb ist er soviel wert, auch wenn seine äußeren Kräfte nachlassen. Mit einem einzigen Wort hat ein alter schwacher Mann so viele junge kräftige Männer vor dem Tode bewahrt. Deshalb hegt und pflegt die Alten, bis der Tod von selbst kommt! Ich sage euch, wir brauchen die Alten so nötig wie den Brunnen vor dem Hause.«

Da verstanden die jungen Leute, daß man in schlimmen Augenblicken den Rat der Alten braucht. Und sie schafften einmütig die Sitte ab, die alten Leute umzubringen. Und so ist es – in jenem Lande – bis auf den heutigen Tag geblieben.

(Nach einem mazedonischen Volksmärchen)

Der betrogene Betrüger

Ein Kaufmann war in fremdem Lande in seinen Geschäften mit Erfolg tätig gewesen und gedachte nun in seine Heimat zurückzukehren. Da er aber erwog, wiederzukommen und vielleicht in der Hauptstadt des Landes eine Niederlassung zu gründen, erschien es ihm unzweckmäßig und gefährlich, die große Summe baren Geldes, die er gewonnen hatte, auf dem langen Weg hin und zurück mit sich zu führen. Deshalb erkundigte er sich in der Stadt nach einer vertrauenswürdigen Persönlichkeit, der er sein Vermögen in Verwahrung geben könne. Ein alter, würdiger Mann wurde ihm genannt. Zu ihm begab er sich und vertraute ihm auf Treu und Glauben tausend Taler zur Aufbewahrung an. Danach reiste er heim.

Als er nach einiger Zeit in die betreffende Stadt zurückkehrte, wurde er unterwegs von Räubern überfallen und verlor all sein Geld. Er baute jedoch fest darauf, mit den tausend Talern einen neuen Anfang machen zu können. Da aber eröffnete ihm der alte Mann, dem er diese große Summe anvertraut hatte, er habe ihn nie gesehen und schulde ihm daher auch nicht das Geringste. Der Fremde, der keinerlei Unterlagen besaß, die die Berechtigung seiner Forderung hätten dartun können, stand wie vom Blitz getroffen. Er drang teils mit Zorn, teils wieder mit freundlichem Ersuchen in den Alten, ihm sein Eigentum wiederzugeben. Tag für Tag suchte er ihn auf und demütigte sich in seiner Notlage schließlich zu flehentlichen Bitten. Aber der Betrüger wies ihn nach wie vor ab, fuhr ihn immer härter an und verbot ihm am Ende unter Androhung einer Anzeige wegen verleumderischer Nachrede, weiterhin zu behaupten, daß er ihm eine Geldsumme anvertraut habe, ja überhaupt ihm weiter durch Besuche in seinem Hause lästig zu fallen.

Der arme Kaufmann ging traurig davon und irrte verzweifelt durch die Straßen. Da begegnete er einer alten Frau, deren bescheidene Kleidung und Stab sie als Pilgerin zum heiligen Jakobus in Compostela auswies. Sie hielt sich in allen Orten ihres Wallfahrtsweges eine Weile auf, um dort Werke der Barmherzigkeit zu tun. Jetzt war sie gerade dabei, die auf der Straße liegenden dicken Steine aufzusammeln und beiseite zu tragen, damit die Vorübergehenden ihre Füße nicht verletzten. Sie sah, daß den Fremden, der offenbar ziellos die Straßen durchwanderte, schwerer Kummer drückte, wurde von Mitleid ergriffen, sprach ihn an und fragte, ob sie ihm mit irgend etwas tröstlich und behilflich sein könne.

»Ach, helfen kannst du mir sicher nicht«, sagte er, erzählte ihr aber seine Geschichte von Anfang an, wie er von dem alten, angeblich so vertrauenswürdigen Mann schmählich betrogen worden sei und nun keinen Ausweg wisse.

»Freund«, sagte sie da, »wenn das wahr ist, was du mir erzählt hast, will ich dir wohl einen guten Rat geben.«

Er antwortete: »Gott ist mein Zeuge! Alles, was ich gesagt habe, ist die Wahrheit.«

Darauf sagte sie: »Kennst du hier in der Stadt jemanden, dem du ganz vertrauen kannst und der auch etwas für dich zu tun bereit ist?«

»Ja«, erwiderte er, »ich habe hier einen Landsmann, der ein guter Freund von mir ist und der, wenn er auch nicht viel besitzt, sicher bereit sein wird, mir auf irgendeine Weise zu helfen.«

Da hieß ihn die alte Frau, diesen Freund zu ihr zu bringen, und gab ihm dann den Auftrag, zehn Kisten zu kaufen, die außen mit prächtigen Farben bemalt, mit Eisen beschlagen und mit versilberten Schlössern versehen sein sollten, innen aber bis oben an mit Steinen gefüllt. Sobald der Auftrag ausgeführt war, sprach sie zu dem Kaufmann: »Nun mußt du zehn Männer mieten, die mit dir und deinem Freund in das Haus jenes Betrügers gehen und die Kisten hineintragen. Sie müssen aber einer nach dem andern in einer langen Reihe kommen, damit es recht auffällt. Ich gehe auch mit. Sobald der Freund mit dem ersten Kastenträger eingetreten ist, komm du auch getrost herein und fordere dein Geld zurück! Ich vertraue auf Gott, daß du es nun richtig wiederbekommen wirst.«

Darauf ging sie mit dem Freund vor der Reihe der Kastenträger her in das Haus des betrügerischen alten Mannes und sprach: »Herr, dieser Fremde hat bei mir geherbergt und gedenkt nun in sein Vaterland zurückzukehren. Vorher aber möchte er sein Geld, welches sich in diesen zehn Kisten befindet, bis zu seiner Rückkehr einem rechtlichen und zuverlässigen Mann zur Aufbewahrung anvertrauen. Ich bitte dich nun, du mögest das Geld um Gottes und meinetwillen in deinem Hause aufheben. Denn ich habe gehört, daß du rechtlich und vertrauenswürdig bist. Deshalb habe ich sogleich an dich und an keinen anderen gedacht.«

Während sie noch redete, trat der erste Lastträger herein und trug schwer an einer eisenbeschlagenen Kiste. Als das der Betrüger sah, war er fest davon überzeugt, daß die alte Frau die Wahrheit gesagt habe. In diesem Augenblick trat aber auch – wie ihm die Frau geraten hatte – der Kaufmann ins Haus, der um die tausend Taler betrogen worden war. Nun fürchtete der Betrüger, wenn dieser Kaufmann jetzt sein Geld vergebens fordere, werde ihm der andere seine weit stattlicheren Schätze nicht zur Aufbewahrung anvertrauen. Er ging daher dem Kaufmann mit überaus freundlicher Miene entgegen, hob die Arme zum Willkommen und rief: »Freund, wo warst du denn bloß so lange? Du kommst gewiß wegen des Geldes, das du mir auf Treu und Glauben anvertraut hast. Komm getrost und nimm es! Hier ist es!«

Freudig nahm der Kaufmann sein Geld in Empfang und dankte Gott und der alten Frau.

Als diese sah, daß alles gelungen war, wie sie es geplant hatte, stand sie auf und sagte zu dem Betrüger: »Herr, ich will mit diesem Mann nach den anderen Kisten sehen gehen, die dir noch gebracht werden sollen. Du aber warte, bis wir wiederkommen, und bewahre wohl, was wir bereits gebracht haben.«

So bekam der Kaufmann durch eine kluge alte Frau sein Geld zurück. Der Betrüger aber wartet vielleicht immer noch auf die versprochenen Schätze.

(Nach den »Gesta Romanorum«)

Der Abt von La Real

Es gab einmal einen Abt von La Real, der war ein recht gemütlicher Mann. Er war ungeheuer dick und nahm immer noch mehr zu.

Eines Tages kam der König, der dünner war als ein Zuckerrohr, vorüber, und wie er den Abt und dessen Leibesfülle sieht, sagt er zu ihm: »Ehrwürdiger Vater, wie, zum Kuckuck, ist es möglich, daß Ihr so fett seid und ich so mager?«

»Das seht Ihr nicht?« antwortet der Abt. »Das kommt daher, daß Eure königliche Majestät häufig Kopfschmerzen haben und sich von ihnen quälen läßt. Wenn ich sie habe, weiß ich sie sogleich bei der Wurzel zu packen.«

Dem König gab diese Rede zu denken, und so dachte er bei sich: »Dieser Vater Abt will sich wohl über mich lustig machen? Na, wartet nur, mein Freund, ob ich Euch da nicht einen Streich spiele! Da wollen wir sehen, ob sie ihm nicht auch zu schaffen machen, diese Kopfschmerzen, und ob er sie dann so leicht zu vertreiben vermag!«

Er plauderte noch eine Weile mit dem Abt, und

beim Abschied sagte er zu ihm: »Vater Abt, da Eure Gnaden mich haben wissen lassen, daß Euch Kopfschmerzen nicht in den Kopf wollen, will ich von Euch folgende drei Fragen innerhalb von drei Tagen beantwortet haben. Erstens: Wieviel bin ich wert, wenn ich das teuerste Gewand trage, das ich besitze? Zweitens: Wieviel Zeit würde ein Pferd brauchen, rund um die Welt zu fliegen? Drittens müßt Ihr meine Gedanken erraten. Und unser Pakt sei dieser: Könnt Ihr mir Antwort auf meine Fragen geben, so sollt Ihr in Gold aufgewogen werden, und dieses gehöre der Abtei. Wißt Ihr mir aber nicht zu antworten, lasse ich Euch als Dummkopf ausrufen.«

Kaum war das letzte Wort gesagt, verließ der König den Abt und begab sich wieder nach Ciutat.

Der Abt war sprachlos; und ich versichere euch, daß sie ihm jetzt kamen, die Kopfschmerzen meine ich, und daß sie ihn innerlich zwickten und zwackten und das immer heftiger, je mehr die Zeit verrann. Wie hätte er da noch einschlafen können an jenem Abend so wie an allen vorhergehenden! Mit gesenktem Haupt dachte er nach und dachte nach, denn die Teufelchen von Fragen ließen ihm keine Ruhe.

Den Mönchen fiel das auf, und sie fragten ihn, was es denn Neues gäbe.

»Laßt mich in Ruhe«, antwortete er.

Und schon sahen sie ihn wieder mit hängendem Kopf. Und je mehr er nachdachte, desto weniger konnte er die drei Antworten finden. Am Abend des zweiten Tages konnte es der arme Mann nicht mehr aushalten: Er rief die Mönche zusammen und erzählte ihnen, was ihn so sehr beunruhigte. Als nun die Mönche das hörten, waren auch sie ratlos und konnten in keiner Himmelsrichtung einen Ausweg aus dieser mißlichen Lage entdecken. Am Ende sagten sie: »Keiner von uns findet nach noch so vielem Überlegen eine Antwort auf diese Fragen, und dennoch geht es hier ums Ganze. Am ratsamsten ist es, die ganze Gemeinschaft zusammenzurufen und allen Brüdern zu erzählen, was vorgeht. Vielleicht findet sich einer, der uns den Weg weist, wie wir ungeschoren aus diesem Irrgarten gelangen, in den wir da geraten sind.«

Der Vater Abt folgte diesem Rat. Er ruft die Gemeinschaft zusammen und erzählt, was ihn bedrückt, und daß man ihn, sollte er nicht binnen vierundzwanzig Stunden die drei Fragen beantwortet haben, als Dummkopf ausrufen würde. Als die Gemeinschaft den Aufruf vernommen hatte, wagte niemand den Mund aufzutun, bis schließlich der Koch aufstand und sagte: »Darf ich ein Wort sagen?«

»Wenn es uns weiterhilft, ja«, sagte der Vater Abt.

»Nun, dann will ich es sagen«, meinte der Koch. »Ich nehme es auf mich, die drei Fragen zu beantworten, aber unter einer Bedingung.«

»Und die lautet?« fragte sofort der Abt und seufzte tief.

»Daß mir der ehrwürdige Vater sein Gewand überlassen muß.«

Es fehlte wenig, und alle wären in schallendes Gelächter ausgebrochen, weil sie sich vorstellten, welchen Anblick wohl der Koch, der ein mageres Männchen war und gerade noch aus Haut und Knochen bestand, so daß er fast keinen Schatten warf, in den Gewändern des so stattlichen und rundlichen Vaters Abt bieten mochte. Am nächsten Morgen stieg der Koch in die Kutte des Abtes, und ihr dürft mir glauben, daß er diese hinter sich nachschleppte und daß noch drei von solchen Köchen, wie er einer war, darin Platz gehabt hätten.

Dann geht er geradewegs zum Haus des Königs und sagt zu den Dienern: »Sagt dem Herrn König, daß ich hier bin.«

»Und wer seid Ihr, Brüderchen?« sagten die Diener, als sie die große Kutte sahen und das Krümelchen Mann, das darin steckte und sie hinter sich her zog.

»Ein Mönch von La Real«, sagte er und achtete nicht des Lächelns, das um die Mundwinkel aller, die er da vor sich hatte, spielte. Die Diener gingen zum König und sagten Ihm: »Herr, da draußen steht ein Mönch von La Real, der nach Euch verlangt.«

»O ich weiß schon, wer es ist! Das ist der Vater Abt. Sagt ihm, er möge noch ein Weilchen warten, und versammelt den ganzen Hof, denn das ist jetzt nötig.«

Der ganze Hof versammelt sich, und der König setzt sich in seinem schönsten Gewand auf den Thron und sagt: »Der Vater Abt von La Real möge eintreten.«

Er trat ein, und man hieß ihn, sich in die Mitte zu setzen, von Angesicht zu Angesicht mit dem König.

Jedermann, der ihn sah, sagte: »Und so etwas machen sie zum Abt! Den tragen seine Kleider mehr, als er sie! Was den Stoff betrifft, daran fehlt es nicht gerade ...«

»Schweigt«, sagt der König. »Es ist drei Tage her, da war er noch nicht eine so halbe Portion! Damals war er ganz schön fett! Es sind drei Fragen, die er mir zu beantworten hat, die ihn ausgetrocknet haben und ihn vom Fleisch fallen ließen.«

Und er dachte bei sich: »Sieh einmal an, was dem die Kopfzerbrechen gemacht haben! Und was das Bei-der-Wurzel-Packen betrifft, so hat es ihm nichts genützt, diesem Schelm! Es scheint mir, daß es ihm eine gute Lehre war!«

Ernsthafter als eine Kartoffel sagte er schließlich zum Vater Abt: »Los! Die erste Antwort: Wieviel bin ich wert in dem Kleid, das ich hier trage?«

»Was Ihr wert seid?« sagte jener, den sie alle für den Abt halten. »Neunundzwanzig Dinare.«

Alle, und der König als erster, fuhren auf wie von der Tarantel gestochen, als sie das hörten.

»Was soll das heißen? Der König ist nicht mehr wert als neunundzwanzig Dinare?« riefen alle durcheinander.

»Ja, meine Herren?« sagte der Abt: »Neunundzwanzig Dinare und nicht mehr. Jesus Christus, der Gott war, verkauften sie um dreißig, und ich halte es für keinen geringen Preis, wenn man den König um einen Dinar niedriger ansetzt als unseren Herrn Jesus.«

Als der König und sein Hofstaat das vernahmen, klappten sie den Mund wieder zu und wanden den Hals.

»Es hilft nichts«, meinten sie, »die Frage ist beantwortet, da mögen wir uns noch so sehr dagegen sträuben.«

»Macht nichts«, sagte der König, »die zweite Frage: Welche Zeit würde ein Pferd brauchen, um rund um die Welt zu fliegen?«

»Das werde ich Euch sagen«, sagte der Abt. »Wenn das Pferd soviel Weg zurücklegte wie die Sonne, ist es ganz sicher, daß es jene in vierundzwanzig Stunden umflogen hätte.«

Jedermann erstarrte auch nach dieser Antwort zu Stein, und es war nicht möglich zu leugnen, daß die Frage gut beantwortet war. Der König war jetzt nicht mehr ganz so sicher. Aber er vertraute dennoch seiner dritten Frage, die zu erraten er für unmöglich hielt, denn wer ist schon in der Lage, die Gedanken eines anderen zu durchschauen, so dachte er.

»Macht nichts«, rief also der König aus, »gehen wir zur dritten Frage über: Was denke ich in diesem Augenblick?«

»Was sollt Ihr schon denken?« sagt der Abt. »Daß ich der Abt von La Real bin!«

»Mehr fehlte auch nicht, als daß Ihr ein anderer wäret!« sagte der König zornentbrannt und dachte, daß er ihn nun besiegt habe.

»Nun, so wisse Eure königliche Majestät, daß ich ein armer Laienbruder und Koch der Abtei bin.«

Und dabei streifte er das Gewand des Abtes ab und stand nur noch in seinem eigenen da.

Das war vielleicht eine Überraschung für jedermann. Sie betrachteten ihn sich gut von allen Seiten und mußten erkennen, daß es nicht der Abt, sondern der Koch der Abtei war.

Und in dem großen Saal erhob sich eine Stimme: »Herr König, es hilft nichts: Er hat die Gedanken Eurer königlichen Majestät und unser aller erraten. Alle haben wir geglaubt, er wäre der Vater Abt, und er ist der Koch.«

Da sagte der König: »Es hilft uns alles nichts, dieser Koch hat's uns gegeben. Zu unserem Glück ist er leicht, so kommt nicht allzuviel Gold auf sein Gewicht. Wenn es der Vater Abt wäre, der würde unsere Kasse wahrlich ausschöpfen!«

Sogleich begaben sich alle zur Staatskasse; sie wogen den Koch mit Gold auf, und es waren alles Zwanziger-Goldstücke zu sechs und zwölf Pfund. Und vier Diener des Königs brachten diese in großen Körben nach La Real, und mit ihnen ging der Koch, strahlender als ein Ostermorgen, und noch lebt er – wenn er nicht gestorben ist. Und der König hatte niemals wieder Lust, dem Abt noch irgendeinem Mönch von La Real Fragen zu stellen oder sich Fragen beantworten zu lassen.

Und nun! Wer sie sucht, der findet sie.

(Märchen aus Mallorca)

Der Kleinste der Klügste

Es war einmal eine Frau, die gebar einen kleinen Jungen. Der war kaum auf der Welt, da begann er bereits zu sprechen und zu gehen, hatte alle Zähne und dichte Haare, als wäre er erwachsen.

Nun wollte zur gleichen Zeit Gott herausfinden, wer wohl der Klügste unter den Menschen wäre. Er nahm einen Topf, schlug unten ein Loch hinein und stieg damit auf die Erde hinunter.

»Nun will ich einmal sehen«, sagte er zu sich, »wer von den Menschen sich herauszureden versteht, wenn ich ihn auffordere, mit diesem Topf Wasser zu holen.«

Bald darauf traf er einen Mann.

»Schöpfe mir Wasser in meinen Topf und bring es hierher!« befahl Gott.

Der Mann eilte davon, aber als er den Topf aus dem Wasser hob, schoß ein dicker Strahl aus dem Loch heraus, und in ein paar Augenblicken war der Topf leer. Der Mann aber fürchtete Gott wie alle Menschen sehr und schöpfte wieder und wieder, doch das Wasser blieb nicht drin. Da brachte er Gott den leeren Topf und bat ihn inständig um Verzeihung: er könne den Topf nicht füllen.

Gott wußte natürlich, daß es unmöglich war; aber er wollte doch einen finden, der klug genug und dazu auch mutig genug war, ihm eine treffende Antwort auf sein Verlangen zu geben. Er wanderte weiter und sprach einen zweiten an. Der sah gleich das Loch, aber trotzdem rannte er davon zur Wasserstelle und tat so, als ob er Wasser holen wollte, kam dann mit traurigem Gesicht zurück und sagte, wie wenn er ein schlechtes Gewissen hätte, leider flösse das Wasser bei ihm immer aus dem Topf heraus. Gott fragte einen dritten und vierten und fünften, aber keiner war so mutig und gewitzt, daß er ihm eine treffende Antwort auf seinen unsinnigen Befehl gegeben hätte.

Schließlich kam Gott an ein Gehöft, das dem Vater des Kleinen gehörte. Er trat ein, da saß der Junge allein im Hof auf dem Boden. Er hatte sich ein Spiel gemacht, indem er die kleinen Löcher für die Spielsteine in die Erde gekratzt hatte; sonst sind sie in einen Holzblock eingeschnitzt, den man dann da- und dorthin tragen kann, wo man eben spielen will.

Weil sonst niemand zu sehen war, ging Gott zu dem Kleinen hin, und als er sah, wie geschickt der schon war, machte er sich den Spaß, ihn auch zum Wasserholen aufzufordern. Der Kleine nahm den Topf und sah auch das Loch. Gerade fing es an zu regnen. Da stand er auf, hob den Topf auf die Schulter und tat so, als wolle er gehen. Als er an der Hoftür war, drehte er sich um und rief Gott zu: »Ach, es regnet, nimm doch mein Spiel und stell es ins Haus!«

Da mußte Gott lachen, denn der Kleine hatte ihm eine schlaue Antwort gegeben. Man konnte ja ebensowenig das Spiel, das nur aus Löchern in der Erde bestand, ins Haus bringen, wie man mit dem Topf Wasser holen konnte.

»So bist du der Klügste unter allen Menschen, obwohl du der Kleinste bist«, sprach Gott.

(Nach einer westafrikanischen Legende)

Ein Bauer hadert mit Gott

Ein armer, ein bißchen beschränkter Bauer haderte mit Gott immer wieder darüber, daß es ihm nicht besser ging. Dabei steigerte er sich in immer größere Erbitterung. Wenn ich Gott nur erwischen könnte, dachte er in seinem Zorn, ich würde ihn einmal tüchtig durchprügeln. Warum verteilt er die irdischen Güter so ungerecht?

Nun kannte unser Herr die Gedanken des Bäuerleins gar wohl. Eines Tages trat er in der Gestalt eines Wanderers auf ihn zu, als er gerade wieder einmal gegen Gott schnaubte. Er redete mit ihm, hörte geduldig seine Klagen an und schenkte ihm schließlich einen Esel, der, wenn man ihn dazu aufforderte, gute, schimmernde Goldstücke von sich gab.

Stolz auf seinen neuen Reichtum kehrte nun der brave Bauer im erstbesten Wirtshaus ein und wurde von der nach Geld lüsternen Wirtin freundlich empfangen. Sie hatte eine Nase für Gimpel, die sich leicht ausnehmen ließen. Bald löste der gute Empfang die Zunge des Gastes. Und es dauerte nicht lange, da prahlte er auch schon laut mit seinem für den Geldbeutel so nützlichen Esel. Kaum schlief er dann in einem weichen Bett seinen Rausch aus, da hatten Wirt und Wirtin schon seinen Goldesel gegen einen ganz gewöhnlichen Esel eingetauscht. Und als er am nächsten Morgen nach Hause kam und dort die großartigen Gaben seines Esels vorführen wollte, gab sein Langohr nichts anderes von sich, als was Esel zu allen Zeiten von sich gegeben haben.

Schuld an diesem Unglück mußte nach seiner Meinung natürlich wieder der liebe Gott sein. Also zog er erneut aus, Gott zu suchen und ihn auf eine drastische Weise zur Rechenschaft zu ziehen.

Wieder kam ihm unser Herr entgegen. Er trat in der Gestalt eines wandernden Tischlergesellen vor ihn hin, lauschte wieder voller Geduld seiner Geschichte und schenkte ihm dieses Mal einen Wundertisch. Befahl man diesem, sich zu decken, so bog er sich im gleichen Augenblick unter goldenen Schüsseln mit köstlichen Speisen und herrlichen Weinsorten.

Aber dem armen Bauern erging es genau wie zuvor. Wieder kam er ins Wirtshaus. Wieder prahlte er im Rausch mit seinem Wundertisch – und schleppte am nächsten Morgen einen falschen Tisch nach Hause.

Als der Bauer den erneuten Schwindel merkte, machte er seiner Enttäuschung in gräßlichen Flüchen Luft, aber es kam ihm nicht in den Sinn, die Ursache seines Elends in seiner Dummheit zu suchen. So lief er von neuem in die Welt, um unsern Herrn endlich tüchtig zu verprügeln.

Wieder traf er einen Fremden auf der Straße – es

war auch diesmal der liebe Gott selber –, dem erzählte er von seiner Absicht.

»Na«, meinte der Wanderer sachlich, »hast du denn dazu auch einen kräftigen Stock?«

Statt einer Antwort hielt der Bauer seinen guten Wanderstock in die Höhe. Der liebe Gott nahm diesen für einen Augenblick in die Hand und gab ihn dann zurück.

»Du mußt nur sagen: ›Prügel los!‹«, erklärte er ihm dazu, »und er wird deinen Feind, wenn etwa ein solcher in der Nähe ist, nach allen Regeln der Kunst durchprügeln!«

Darauf verschwand der Fremde.

Neugierig wollte der Bauer sogleich die überraschenden wunderbaren Fähigkeiten seines Stockes prüfen. Er sprach laut die Zauberworte. Da riß sich ihm der kräftige Stock aus der Hand, sprang ihm auf den Rücken und begann dort mit Geschwindigkeit und Wucht herumzutanzen, als ob er auf einer Kirmes wäre. Immer dichter wurden die Schläge, immer klarer dämmerte dem Bauern die Erkenntnis, daß nicht der liebe Gott, sondern er selber an seinem ganzen Unglück schuld gewesen war. Und als ob der Stock ein menschliches Wesen sei, beichtete er ihm jammernd, was er mit Esel und Tisch und vielleicht auch schon mit früheren Gaben in seiner Dummheit falsch gemacht habe.

Kaum hatte er ausgesprochen, da erschien wieder der Unbekannte. Mit einem Wink seiner Hand beendete er die Tätigkeit des Stocks.

»Siehst du nun ein, wie unklug du dich verhalten hast?« sprach er. »Glück wolltest du haben. Wenn ich es dir aber in die Hand gab, ließest du es dir gleich wieder entwischen. Über das Unrecht, das Gott dir angeblich tat, hast du immer geklagt und hättest doch an dich selbst und deine Dummheit denken müssen. Der Stock züchtigt immer die Feinde seines Eigentümers. Darum kam er auch über dich. Denn bis jetzt warst du selbst dein schlimmster Feind! Nun, ich hoffe, du bist jetzt etwas klüger geworden. Den Stock darfst du behalten. Wenn du rufst: ›Prügel steh!‹, so wird er übrigens auf der Stelle mit seiner Arbeit aufhören.«

Nach diesen Worten verschwand unser Herr.

Den Bauern aber hatte mit der neuen Einsicht auch gleich richtig die Lust gepackt, seine Außenstände einzubringen. Man kann sich wohl vorstellen, wem sein erster Besuch galt. Kräftig ließ er seinen Stock auf Wirt und Wirtin herumtanzen. Sie waren förmlich glücklich, als der Bauer, nachdem er Esel und Tisch wiederbekommen hatte, seinem hölzernen Gesellen endlich befahl: »Prügel steh!«

Von nun an lebte der Bauer mit seiner Frau zufrieden und tat zu seinen Wundergaben auch ein tüchtiges Stück eigener Arbeit hinzu. Und er lehrte auch seine Kinder, mit den Gaben Gottes richtig umzugehen.

(Nach einer russischen Legende)

Das Wunder im Roggen

Am Rande eines rumänischen Dorfes hatten Zigeuner ihr Lager aufgeschlagen. Bettelnd zogen die Frauen mit ihren Kindern von Tür zu Tür, empfingen allerlei zu essen, lasen den Bauersfrauen die Zukunft aus der Hand und spionierten derweilen Gelegenheiten aus, diesem oder jenem Hof bei Nacht einen lohnenden Besuch abzustatten. Ein Trupp ihrer Männer aber zog zum Haus des Pfarrers.

»Grüß Gott, Herr Pfarrer, habt Ihr irgendeine Arbeit für uns?«

»Gewiß habe ich Arbeit für euch, wenn ihr wirklich etwas tun wollt«, antwortete der Pfarrer.

»Dann zeigt uns gleich, was wir tun sollen! Wir wollen auf der Stelle anfangen.«

»Ich habe wohl Arbeit für euch, aber nicht hier, sondern drüben auf der anderen Seite des Berges. Da ist ein großes Roggenfeld zu mähen. Ärgerlicherweise habe ich jedoch heute keine Zeit, mit euch hinüberzugehen und euch zu zeigen, was ihr tun sollt. Könnt ihr denn überhaupt mähen?«

»Freilich«, antworteten sie wie aus einem Munde. »Wir sind geübte Schnitter.«

»Na, und könnt ihr auch den Roggen richtig in Garben binden und diese ordentlich in Kasten aufstellen?«

»Selbstverständlich«, versicherten sie munter. »Aber was für einen Lohn bekommen wir?«

»Erst die Arbeit, dann der Lohn«, sagte der Pfarrer

mit Nachdruck. »Ich muß ja erst einmal sehen, was ihr leistet. Das Roggenfeld ist so und so groß. Wieviel Zeit braucht ihr, um es zu mähen?«

»Na, in drei Tagen werden wir es geschafft haben«, sprachen die Zigeuner. »Sagt uns nur genau, wo das Feld ist, und gebt uns Essen für drei Tage mit hinaus, denn wir würden ja nur unnötig Zeit verlieren, wenn wir immer wieder den weiten Weg zum Essen hierher ins Dorf kämen.«

So wurde es geregelt. Die Schnitter erhielten Kost für drei Tage, machten sich singend und schwatzend auf den Weg über den Berg und erreichten richtig das große Roggenfeld. Sie suchten sogleich den schattigsten Teil des Feldes, legten dort die Ähren um, um sich bequem darauf niederlassen zu können, und dachten weiter nicht an Arbeit.

Sie aßen und schliefen, spielten, tanzten und erzählten Geschichten – drei Tage lang.

Dann gingen sie ins Dorf zurück, klopften bescheiden beim Pfarrer an und erbaten den Lohn für ihre Arbeit, denn sie wollten nun mit ihren Wagen weiterziehen.

»Die Arbeit ist getan, wie Ihr es gewollt habt. Der Roggen ist gemäht, die Garben sind gebunden und aufgesetzt. Nun gebt uns auch unser Geld!«

Der Pfarrer antwortete: »Halt, nicht so schnell! Ich weiß ja noch gar nicht, was ihr wirklich gearbeitet habt und ob alles ordentlich gemacht ist. Ich kann euch keinen Lohn zahlen, bevor ich drüben auf dem Feld gewesen bin und mich davon überzeugt habe, daß die Arbeit richtig ausgeführt ist. Ich will jetzt gleich hingehen. Wartet also noch so lange, bis ich zurückkomme!«

Da fielen die Zigeuner auf die Knie und hoben die gefalteten Hände zum Himmel hinauf: »Ach, lieber Herrgott, sieh doch an, wie dieser Pfarrer uns um unseren Lohn betrügen will! Wir bitten dich, laß Gerechtigkeit walten und ihm diese Sünde nicht hingehen! Mach doch zur Strafe, daß das ganze Roggenfeld, das wir gemäht haben, sich auf der Stelle wiederaufrichte! Es soll genauso werden, wie es vorher war!«

Und wahrhaftig, als der Pfarrer zu seinem Roggenfeld kam, sah er die Ähren schön und dicht und ungemäht dastehen wie zuvor.

»Ein Wunder! Gott hat ihr Gebet erhört und mein Mißtrauen betraft«, dachte er betroffen.

Nur an einer Stelle mußte ein Sünder oder doch nicht ganz so kräftiger Beter an der Arbeit gewesen sein. Da war ein breiter Fleck, auf dem die Ähren sich nicht wiederaufgerichtet hatten.

(Nach einer rumänischen Volkserzählung)

Der schönste Traum

In den Ländern des afrikanischen Nordens leben Mohammedaner, Juden und Christen unbefangener zusammen, als es in Zeiten zugespitzter Konflikte möglich scheint. So hindert sie ihre Glaubensverschiedenheit nicht, Freunde zu sein, und es erweist sich oft als ein Kennzeichen wahrer Freundschaft unter ihnen, daß sie auch über die Glaubensfragen, die sie trennen, offen miteinander reden können. Dabei kommt es dann nicht selten auch zu gutmütigen Neckereien, die weder der Freundschaft noch der Glaubensüberzeugung Abbruch tun. In einem der berberischen Länder Nordafrikas, so erzählen die Juden eines Dorfes, die dort seit Jahrhunderten ohne besonderen Streit mit ihren islamischen Nachbarn leben, trug sich folgende Geschichte zu.

Drei Freunde, ein Mohammedaner, ein Jude und ein Christ, waren zusammen auf dem Weg zu einem Kamelmarkt. Unterwegs fanden sie im Straßenstaub eine Silbermünze. Jeder behauptete, er habe sie zuerst gesehen. Man konnte sie also gerechterweise nicht einem einzigen zuteilen. Aber sie auf drei Leute aufzuteilen, war sie zu gering. Da machte der Jude einen Vorschlag, der allen dreien gerecht zu werden versprach: Man solle im nächsten Dorf am Weg für die Münze Mehl, Sesamöl und Zucker kaufen und aus diesen Zutaten Halwa bereiten, die wohlschmekkende Süßspeise, die die Türken überall da eingeführt haben, wo sie einmal die Herrschaft hatten. Und dieses Halwa sollten die drei Reisenden dann gemeinschaftlich verzehren. Die beiden anderen fanden diesen Vorschlag vortrefflich, und so wurde er baldigst in die Praxis umgesetzt. Als das Halwa fest geworden war und man es teilen wollte, erwies sich jedoch, daß sich keine drei gleichmäßig großen Stücke davon schneiden ließen. Es ergab mehrere sehr ungleiche Brocken. Was tun? Wieder wußte der Jude Rat: »Brüder, laßt uns wegen dieses bißchen Halwa nicht in Streit geraten! Wenn wir alle drei von diesem Halwa essen, hat jeder kaum mehr als den Geschmack davon. Wir wollen einem einzigen von uns das ganze Halwa zukommen lassen. Ich schlage vor, daß wir das Halwa bis morgen früh aufheben. Dann wollen wir uns unsere Träume aus dieser Nacht erzählen. Wer den schönsten Traum gehabt hat, bekommt die ganze Süßigkeit.«

Das hielten der Mohammedaner und der Christ ebenfalls für eine gute Lösung. So legten sie sich also am Abend zum Schlafen und Träumen nieder. Aber als die anderen eingeschlafen waren, stand der Jude heimlich auf, aß das ganze Halwa auf und legte sich wieder schlafen.

Am Morgen sollten sie alle ihre Träume erzählen. Der Mohammedaner begann: »Ich hatte einen herrlichen Traum. Mir ist der Prophet selber erschienen. Er führte mich ins Paradies und zeigte mir dort alle die himmlischen Herrlichkeiten: die Blütenfelder, die Wohlgerüche, die Quellen von Milch und Honig, die schönen Knaben und vor allem die Huris mit ihren schwarzen Augen und der sich immer wieder erneuernden Jungfräulichkeit.«

»Wahrhaftig, ein großartiger Traum!« rief der Jude. »Ich sehe schon, dir würde das Halwa zukommen.«

Nun erzählte der Christ, er habe einen zwar nicht sehr erfreulichen, aber doch heilsamen und deshalb guten Traum gehabt. Er habe sich für seine Sünden in die Hölle verdammt gesehen und alle Höllenqualen auf das lebhafteste erfahren. Dann aber sei der Herr Jesus gekommen, habe ihm Linderung und Verzeihung gewährt und ihn befreit.

»Das war auch ein sehr spannender Traum!« rief der Jude. »Auch du hättest verdient, das Halwa zu essen. Aber auch ich habe im Traum Aufregendes erlebt. Mir erschien nämlich Mose, der unvergeßliche Führer unseres Volkes aus der ägyptischen Knechtschaft und in den harten Jahren der Wüste. Und er sprach zu mir: ›Dein Reisegefährte, der Mohammedaner, ist im Paradies. Den andern, den Christen, leitet der Herr Jesus in sein Reich. Keiner von beiden wird also wieder auf die Erde zurückkehren. Iß also daher das Halwa auf, damit es nicht verdirbt!‹ Und diesen Rat habe ich sogleich getreulich befolgt.«

(Nach einer jüdischen Volkserzählung aus Tunesien)

Kartenspiel mit dem lieben Gott

Ein Pfarrer ging am frühen Morgen über Land in ein anderes Dorf. Da sah er auf dem Feld an einer Wegkreuzung, gerade unter einem Kruzifix, einen struppig und gefährlich dreinschauenden Gesellen liegen. Der hatte ein Kartenspiel in der Hand und spielte damit, als ob ihm ein Mitspieler gegenübersäße. Es war aber niemand zu sehen. Erstaunt blieb der Pfarrer stehen und fragte: »Was machst du denn da?«

»Ach, mir wird die Zeit lang«, antwortete der Geselle. »Darum spiele ich ein bißchen Karten mit unserem Herrgott. Das Geld dazu habe ich ihm geliehen.«

»Das ist ja ein kühnes Unternehmen!« meinte der Pfarrer. »Wer gewinnt denn nun?«

»Ja«, antwortete der andere, »wenn der Herrgott weiter so am Zug bleibt, dann behalte ich keinen Pfennig übrig. Diesen Haufen Geld da hat er schon gewonnen!«

Er hatte nämlich zwei Geldhäufchen vor sich liegen, eins für sich und eins für den lieben Gott.

»Aha«, sagte der Pfarrer schlagfertig. »Ich bin ja nun der Diener des Herrgotts. Da müßte ich wohl sein Geld für ihn mitnehmen können.«

»Das ist wahr«, versetzte der rauhe Geselle. »Wenn Ihr sein Diener seid, dann nehmt es ruhig mit! Er hat es rechtschaffen gewonnen.«

Da steckte der Pfarrer das Geld in die Tasche, grüßte freundlich und ging seines Weges weiter. Als er sich umblickte, sah er den Fremden immer noch kartenspielend unter dem Kruzifix sitzen.

Auf dem Heimweg kam er wieder an dem Kruzifix vorbei, fand den andern immer noch beim Kartenspiel und fragte: »Nun, wie ist es weitergegangen? Ist unser Herrgott weiter in der Vorhand geblieben?«

»Nein, gar nicht«, erwiderte der andere und lachte über das ganze Gesicht. »Das Glück ist endlich umgeschlagen. Ich habe gewonnen, und unser Herrgott hat soundso viel verspielt.«

Dabei nannte er eine Summe, die bei weitem größer war als das Geldhäufchen vom Morgen.

Nun begriff der Geistliche, was hier gespielt wurde.

»Das – das geht doch aber nicht!« stotterte er bestürzt.

»Je nun«, sagte der struppige Gesell entschieden, und das Lachen in seinem Gesicht hatte sich in blanken Hohn verwandelt. »Wenn Ihr unseres Herrgotts Diener seid und seinen Gewinn eingestrichen habt, dann müßt Ihr jetzt auch seinen Verlust für ihn bezahlen.«

Der Pfarrer machte noch einige zaghafte Einwände, sah dann aber doch bald ein, daß der andere über die besseren Argumente verfügte. Er zahlte das Geld vom Morgen zurück, legte noch alles dazu, was er von eigenem in der Tasche hatte, und immer noch war die Summe nicht erreicht, die der liebe Gott verspielt hatte.

»Mehr habe ich nun aber nicht«, sagte der Pfarrer.

»Nun«, antwortete der andere, »dann müßt Ihr mir den Rest eben schuldig bleiben und Eurerseits sehen, wie Ihr mit dem Herrgott zurechtkommt!«

Und das Kartenspiel mit dem lieben Gott war zu Ende.

(Nach einer mündlichen Überlieferung aus Westfalen)

Die Vaterunser im Fleischbeutel

In einem Dorf in Franken lebte eine arme Frau, der war der Mann gestorben, und sie schlug sich mit einer Anzahl kleiner Kinder sehr mühsam durch. Sie war fleißig, aber nicht eben denkgewandt, eine schlichte, fromme Frau, überzeugt davon, daß an Gottes Segen mehr als an aller Mühe der Menschen gelegen sei, und durch tägliches Gebet auf vertrautem Fuß mit Gott.

Einmal ging es ihr besonders schlecht. Sie hätte gern einmal eine kräftige Fleischbrühe für ihre Kinder gekocht. Aber dazu war kein Geld da, und etwas, was sie hätte zu Markt tragen können wie andere Bauersfrauen, hatte sie nicht. Denn die Eier von ihren paar Hühnern und Milch und Käse von ihrer einzigen Kuh, Korn vom Feld und Gemüse aus dem Garten brauchte sie für die täglichen Mahlzeiten, und die waren knapp genug.

Eines Tages klagte sie Gott im Gebet ihr Leid und sagte: »Lieber Herr, alle meine Nachbarn gehen zu Markt in die Stadt, sie verkaufen und kaufen. Wir allein haben nichts zu verkaufen, wofür wir uns wieder etwas kaufen könnten. Aber wenn ich schon sonst nichts habe, so habe ich doch eine gute Übung im Beten, und ich meine, ein Vaterunser müßte doch auch ein kräftiges Ding und nicht allzu wohlfeil zu verkaufen sein. Meine Kinder sollen doch auch einmal eine Fleischsuppe haben. Da will ich also fünf Vaterunser in unseren leeren Fleischbeutel beten und diese auf dem Markt verkaufen, um von dem Erlös ein Stück Fleisch erstehen zu können.«

Sie sagte weiter keinem etwas von ihrem Vorhaben, betete fünf Vaterunser in ihren Fleischbeutel, ging mit dem so gefüllten Beutel in die Stadt auf den Markt und setzte sich zu den anderen Bauersfrauen, die Korn, Salz, Schmalz, Käse, Eier, Gemüse und anderes feilhielten. Und wenn jemand fragte, was sie feilhabe, antwortete sie der Wahrheit gemäß: »Ich habe fünf Vaterunser in meinem Fleischbeutel feil.«

Als nun die anderen alle ihre Waren verkauft und von dem Erlös anderes erworben hatten und schon wieder nach Hause aufgebrochen waren, saß die arme Frau immer noch mit ihrem Fleischbeutel samt den fünf Vaterunsern auf dem Markt und konnte ihre Ware nicht loswerden.

Schließlich hörten die Metzger in der Stadt von dem sonderbaren Angebot, und sie dachten sich einen guten Spaß mit der einfältigen Bäuerin zu machen. Also schlenderten sie zu mehreren wie von ungefähr an ihr vorüber und fragten, was sie denn in ihrem Fleischbeutel feilhalte.

»Ich habe fünf Vaterunser feil«, antwortete sie, wie sie den ganzen Tag über geantwortet hatte.

Da lachten die Metzger hinter der vorgehaltenen Hand über soviel Dummheit. Einer von ihnen aber sprach, und hielt es für einen guten Scherz: »Höre, ich möchte doch gern wissen, wieviel deine Vaterunser wiegen. Ich will dir soviel Fleisch für sie geben, wie dein Fleischbeutel schwer ist.«

Die Frau war einverstanden. Beide gingen also in die Metzgerei und ein Haufen Zuschauer mit ihnen. Der Metzger legte den Beutel mit den Vaterunsern auf die eine Waagschale und fing an, Fleisch auf die andere Waagschale zu legen, zuerst zwei Pfund, dann vier Pfund. Aber die Waagschale mit dem Beutel rührte sich nicht. Schließlich hatte er Fleisch bis zum Gewicht eines Zentners aufgehäuft, und noch immer wollte die Waagschale mit dem Beutel nicht nach oben gehen. Da nahm er alle Gewichte, die sich in seiner Metzgerei fanden und legte sie auf die Waage. Aber der Beutel mit den fünf Vaterunsern war schwerer. Zuletzt aber, da die Gewichte insgesamt nicht ausreichten, füllte er der Frau ihren Fleischbeutel bis obenhin mit Fleisch und ließ sie heimziehen.

*(Nach einer Volkserzählung
des deutschen Mittelalters)*

Eine Weihnachtsgeschichte

Mein Großvater hat mir diese Geschichte erzählt: Vor langer, langer Zeit lebte einmal ein Arzt im Norden unseres Landes. Er wohnte in einem kleinen Dorf und betreute die Leute eines größeren Landstrichs. Überall war er sehr beliebt, denn er war unermüdlich und immer freundlich und verstand sich vor allem mit den Kindern sehr. Am Rande seines Dorfes ließ er sich ein schönes Haus bauen, und dort lebte er zusammen mit einer alten Haushälterin und einem Kutscher, denn er war unvermählt.

Da es weit und breit keinen anderen Doktor gab, hatte er viel, viel Arbeit, und so fuhr er sommers mit der Kutsche und winters mit dem Schlitten landauf, landab, um seine Kranken zu besuchen. Er war ein kluger Herr, und da es in jener Gegend keine Apotheke gab, machte er gleichzeitig auch den Apotheker.

Nun gab es damals einen sehr strengen Winter. Die große Kälte ließ schon frühzeitig die Flüsse einfrieren und warf eine Menge Schnee herab, so daß die Straßen vor allem in den Bergen meterhoch verweht waren. So konnte der Doktor nur noch seine Kranken im Tiefland versorgen, denn die Berge und Wälder waren ungangbar geworden, und wenn er sich aus dem Dorf herauswagte, mußten er und der Kutscher Flinten mitnehmen, denn Kälte und Hunger hatten die Wölfe und Bären aus ihren Verstecken getrieben, so daß sie die Gehöfte umkreisten. Anfangs kam hin und wieder auch noch ein Reiter aus dem Wald, aber dann kamen sie nicht mehr durch, und auch der Arzt mußte die größeren Fahrten einstellen.

Jenseits der Berge aber lag eine kleine Siedlung, und dort war ein kleines Mädchen krank geworden. Die Mutter versuchte erst alles, was man an Hausmitteln geben kann, aber als das alles nichts half und das Fieber des Kindes stieg, sagte sie zu ihrem Mann: »Du mußt um den Arzt reiten, sonst stirbt unser

Kind, denn ich habe alle Arzneien vergeblich versucht. Das Mädchen ist schon ganz schwach geworden, und es fiebert schon seit Tagen.«

»Frau«, entgegnete der Mann, »das ist unmöglich. Du weißt, wie lieb ich unser Kind habe, aber die Wälder sind so verschneit, daß an ein Durchkommen gar nicht zu denken ist. Und selbst wenn ich mich zu Pferd durchschlagen könnte, wie sollte ich den Doktor mit dem Schlitten hierherbringen? Wir können nur warten und auf das Beste hoffen.«

Aber die Frau gab nicht nach, sie drang und drang so lang in ihren Mann, er solle doch wenigstens versuchen, vom Arzt eine gute Medizin zu besorgen, daß er schließlich sein Pferd sattelte, seine Büchse nahm, um in das andere Dorf zu reiten. Doch er war kaum bis an den Waldrand gekommen, als sein Roß bis zum Leib im Schnee versank und ihn ein Rudel Wölfe umkreiste. Als er sich umwandte, stürzte gar noch sein Pferd, und nur mit Not und unter Schüssen konnte er sich wieder zu seinem Hause durchschlagen, denn die Raubtiere verfolgten ihn fast bis zur Schwelle seines Hofes.

Entmutigt und sein blutendes Pferd in den Stall führend, kam er daheim wieder an.

»Frau«, sagte er, »es geht nicht, ich bin nicht einmal in den Wald hineingekommen; vom Durchkommen ist gar keine Rede, und zudem wird es bald finster.«

Da weinte die Frau und ging in die Stube, wo das fiebernde Töchterchen lag.

»Mutter, warum weinst du denn?« fragte das Kind.

»Ach, gerade ist Vater zurückgekommen«, antwortete die Frau, »denn er wollte für dich Medizin holen beim Doktor, aber es geht nicht, weil soviel Schnee liegt.«

»Mutter, weine nicht! Wenn du meinst, daß wir den Doktor brauchen, so will ich es dem Christkind sagen, das doch heute abend kommen muß. Du hast ja selbst heute morgen gesagt: Am Abend kommt das Christkind.«

»Aber Kind, das ist nur so ein alter Brauch, und es ist nur noch eine Erinnerung daran, daß Christus als Kind in diese Welt gekommen ist.«

»Nein«, sagte das Mädchen, »ich bin sicher, wenn ich darum bete, dann wird das Christkind auch selber kommen.«

Da ging die Mutter hinaus und sagte zu ihrem Mann: »Das Kind spricht schon wieder im Fieber.«

Und dann machte sie sich daran, das Weihnachtsmahl zu richten, und dachte dabei: Das wird das letzte Weihnachtsessen für unser Töchterchen sein. Als sie aber zwischendurch einmal nach dem Mädchen sah, lag das mit roten Bäckchen und winkte der Mutter.

»Ach«, sagte es, »eben war das Christkind da. Es sieht aus wie ein kleiner Junge. Ich habe ihm gleich gesagt, ob es nicht den Doktor schicken kann, und es hat mir versprochen, daß es ihn gleich holen wird.«

Da rief die Mutter den Vater herein, und das Mädchen mußte die Geschichte noch einmal erzählen:

»Das Christkind war da; es sieht aus wie ein kleiner Junge, und es hat mir versprochen, daß es den Doktor holen wird.«

»Das Fieber wird weiter gestiegen sein«, dachte der Vater, »denn das Kind phantasiert bereits.«

Die Mutter aber begann in ihrer Not etwas Hoffnung zu schöpfen.

Nun war der Abend angebrochen, und in dem Dorf, wo der Arzt wohnte, hatten sich in den Häusern die Familien versammelt; nur der Arzt war ganz allein, denn die Haushälterin und der Kutscher waren auch zu ihren Verwandten gegangen. Er war gerade dabei, Arzneien zu bereiten und eine Salbe zu reiben, als es an der Tür klopfte. »Herein!« rief er, und da trat ein kleiner Junge ein, der die Mütze abnahm und freundlich grüßte. Sein Mäntelchen war ganz voller Schnee und die Bäckchen rot vor Frost.

»Ja, wer bist du denn, Kleiner?« fragte der Arzt. »Dich habe ich noch nie gesehen, und ich kenne doch sonst alle Kinder der Gegend.«

»Ich bin nur zu Weihnachten hier, und man schickt mich von drüben aus dem Dorf, weil man da Eure Hilfe braucht.«

»Du willst mich wohl zum besten halten, kleiner Schelm?« entgegnete der Arzt, »meinst du, ich wüßte nicht, wieviel Schnee draußen liegt und daß man nicht durch den Wald kommen kann? Und glaubst du, ich könnte für wahr halten, daß man einen so kleinen Jungen ausschickt? Die Bären und Wölfe würden dich sofort zerreißen, wenn du in den Wald kämst.«

»Nein«, sagte der Junge, »es ist mein voller Ernst. Ich habe drüben eine kranke Schwester, und die braucht Eure Hilfe. Ihr sagt ja selbst, daß Ihr mich nicht kennt. Und wenn Ihr nicht kommt, müßte das Mädchen sterben.«

»Mein lieber Junge, selbst wenn du recht hättest, könnte ich dir nicht helfen, denn mein Kutscher ist bei seiner Familie, und ich würde ihn um keinen Preis bewegen können, mich mitten in der Nacht durch den Wald zu fahren.«

»Das ist auch gar nicht nötig, denn ich habe selbst einen Schlitten dabei und werde Euch kutschieren. Und Ihr werdet auch wieder richtig zurückgebracht, habt keine Sorge!«

»Ja, aber«, rief der Arzt ganz verzweifelt, »die wilden Tiere würden über uns herfallen und nur die Stiefel und Knöpfe von uns übriglassen. Was dir einmal gelungen ist – und ich weiß, daß Gott die Kinder besonders beschützt –, würde kein zweites Mal gelingen.«

»Aber wißt Ihr denn nicht, daß wir Christnacht haben und daß da die wilden Tiere niemand etwas zuleide tun?«

»Du bist ja ein lieber Junge, und ich würde dir auch gern helfen«, sagte der Arzt, »aber was du da sprichst, ist doch nur eine fromme Legende, die sich die Leute erzählen. Die Tiere wissen nicht, was im Kalender steht. So gern ich deiner Schwester helfen würde, es geht nicht, und ich darf auch dich selbst nicht der Gefahr aussetzen, jetzt heimzufahren.«

Da sah ihn der Junge lang und ernst an, dann fragte er: »Habt Ihr Angst?«

»Ja.«

»Und habt Ihr kein Vertrauen auf Gott?«

Da antwortete der Arzt: »Du hast recht! Es soll so geschehen, wie Gott will, und wenn du Vertrauen hast, so will ich mich von dir nicht beschämen lassen. Warte nur einen Augenblick: Ich will meine Tasche und meine Flinte holen, und dann wollen wir uns auf den Weg machen. Hoffentlich hast du ein starkes Pferd.«

»Oh, Ihr werdet es gleich sehen. Und was die Flinte betrifft, so laßt sie ruhig daheim, denn wir werden sie nicht brauchen.«

Der Arzt aber dachte: »Besser ist besser«, suchte seine Sachen zusammen und steckte sie nebst Medizinen in die Tasche, zog seinen Mantel an und hängte die Doppelflinte um. Dann sagte er zu dem Knaben: »Wir können gehen!« Sie gingen also aus dem Haus hinaus, und richtig: Da stand ein Schlitten mit einer Laterne daran. Aber als der Arzt das Zugtier sah, da mußte er sich doch die Augen ausreiben, denn da stand ein großer, großer Elch.

»Ich muß schon sagen: Ihr habt aber da drüben seltsame Pferde.«

»Die besten, die man sich bei diesem Wetter wünschen kann«, erwiderte das Kind.

Dann half es dem Arzt in den Schlitten und deckte ihn sorgfältig mit einer warmen Decke zu, setzte sich auf den Kutschbock und pfiff dem Elch. Der setzte sich sogleich mit Riesenschritten in Bewegung und zog den Schlitten wie eine Feder hinter sich her. Schnell war man aus dem Dorf hinaus, und als der Mann die Lichter der Wölfe aufleuchten sah, griff er nach seinem Gewehr. Im gleichen Augenblick aber drehte sich der Knabe um und sagte: »Laßt nur Euer Schießeisen. Ihr versteht nicht, mit Tieren umzugehen.«

Da fügte sich der Mann in alles und dachte: Der kann mehr als du selber. Der Knabe aber rief den Wölfen etwas zu, und wirklich taten die großen Tiere niemand etwas zuleide, im Gegenteil: Sie liefen vor dem Schlitten her, um den Schnee festzutrampeln, und andere liefen hinterdrein. Der Elch aber kümmerte sich gar nicht um sie.

Im Wald konnte zwar auch der Elch nicht mehr so schnell laufen, aber der Schlitten blieb nie stecken, und so war man noch lange vor Mitternacht in der kleinen Siedlung.

»Hier«, sagte der Knabe, »ist das Haus. Geht nur einstweilen zu meiner kranken Schwester hinein!«

Und damit half er dem Arzt aus dem Schlitten heraus. Der nahm seine Tasche, klopfte an die Tür und trat ein. Da schauten aber der Bauer und seine Frau, als sie den Doktor hereinkommen sahen!

»Ja, wie kommt denn Ihr zu uns? Wißt Ihr denn, daß unser Töchterchen krank ist?« rief der Bauer erstaunt.

»Ei freilich, Ihr habt ja Euern Jungen um mich geschickt«, entgegnete der Arzt, »und ich muß schon sagen: Ihr habt einen recht tüchtigen Sohn, und Ihr müßt viel Gottvertrauen haben, daß Ihr das Kind so allein durch den Wald fahren laßt.«

»Wie? Was? Verzeiht, das muß ein Irrtum sein«, sagte der Bauer, »denn ich habe gar keinen Sohn; das kranke Mädchen ist unser einziges Kind.«

»Nun, so ein Schlingel! Und zu mir sagt der Junge, er komme um seine kranke Schwester. Nun sagt mir nur noch: Wie habt Ihr den großen Elch dressieren können, daß er den Schlitten zieht?«

Da wurde der Bauer ganz verwirrt: »Was für ein Elch?« Und der Arzt nahm ihn bei der Hand und führte ihn vors Haus. Da stand der Schlitten mit dem großen und ungewöhnlichen Zugtier, aber von dem Knaben war nichts zu sehen.

»Dieses seltsame Rentier«, sagte der Bauer, »gehört weder mir noch sonst jemandem in unserm Dorf. Ihr wollt mir wohl einen Bären aufbinden?«

»Nun, darüber später mehr! Führt mich erst zu der Kranken!«

Und damit gingen sie wieder ins Haus und in die Stube des Mädchens. Das saß im Bett und sagte: »Mama, gerade war wieder das Christkind da, und es hat gesagt, daß der Doktor schon da ist und daß ich bald wieder ganz gesund sein werde. Und dem Herrn Doktor soll ich sagen, daß der Christusknabe leider keine Zeit mehr hat, ihn heimzubringen, aber daß der Elch den Weg auch allein findet, und der Herr Doktor soll sich nicht fürchten.«

Da schauten Vater, Mutter und der Arzt sich an,

und der letztere sagte: »Das ist eine seltsame Geschichte.«

Und der Vater: »Ja, das macht das Fieber.«

»Nein«, sagte der Arzt, »hier spielt etwas ganz anderes herein.« Und zum Mädchen: »Nun, sei unbesorgt! Wenn du solchen Besuch hattest, wirst du auch sicher gesund werden.«

Und er gab ihr eine Medizin, und dann setzte er sich mit den Eltern zu Tisch. Als er am nächsten Morgen nach dem Mädchen sah, hatte es kein Fieber mehr, und der Arzt konnte wieder an seine Heimreise denken.

»Neugierig bin ich ja«, dachte er bei sich, »wie es diesmal geht!«

Die Sonne war kaum aufgegangen, doch war es schon spät am Tage, als er mit dem Bauern vors Gehöft trat.

»So wahr ich lebe, ein Elch!« rief der Bauer aus, »gestern glaubte ich, es wäre ein gewöhnliches Rentier.« Und damit nahmen sie Abschied. Kaum saß der Doktor im Schlitten, da zog der Elch an und schlug den Weg zum Walde ein. Dem Arzt war so allein nicht so recht wohl, und er hätte viel drum gegeben, wenn der Knabe vom Vorabend dabeigewesen wäre.

Am Waldrand kauerte wieder ein Rudel Wölfe, und er wollte eben zu seiner Flinte greifen, da wandte der Elch den Kopf und sprach: »Laß das nur! Sie werden uns nichts tun.«

Und als der Schlitten bei den Wölfen angekommen war, sagte der Leitwolf: »Das ist der Mann, den heute nacht der himmlische Knabe herübergebracht hat und den wir nach Hause geleiten sollen.«

Und damit setzte sich das Rudel in Bewegung und lief wieder teils voraus, teils hinterdrein. Zunächst ging alles gut, aber an einem steilen Hang kippte der Schlitten um, und der Arzt fiel heraus. Alsbald kam ein Bär herzugelaufen, hob ihn mit seinen Pfoten vorsichtig auf und trug ihn in den Schlitten, den die Wölfe wiederaufgestellt hatten, zurück.

»Hast du dir weh getan?« fragte er noch.

»Nein, danke, gar nicht«, antwortete der Arzt, der sich nunmehr über nichts wunderte.

So fuhr man bis zum andern Waldrand, da nahmen die wilden Tiere Abschied, der Elch aber fuhr den Doktor bis zu seinem Hause. Und seitdem, so sagen die Leute, war unser Doktor ein wenig wunderlich. Man wollte gar gesehen haben, wie er im Walde mit wilden Tieren, Bären und Wölfen gesprochen habe und daß diese ihm nichts zuleide täten, so daß er auch im Winter ohne Gefahr überall die Kranken besuchen könne.

(Legendenmärchen aus Schweden)

Der Weg nach Rom

Eine arme Waschfrau hatte einen einzigen Sohn, der war wohl sehr einfältig, aber dabei von Herzen gut und fromm. Die arme Frau schickte ihn mit ihrem

Eselchen in den Wald. Dort suchte er Reiser, trug sie in die Stadt und verkaufte sie. So lebten sie kümmerlich miteinander.

Nun begab es sich eines Tages, daß er mit seinem beladenen Esel an einer kleinen Kirche vorbeikam, in der eben gepredigt wurde. Da band er den Esel draußen an, trat in das Kirchlein und hörte, wie der Geistliche sagte: »Höret, meine Freunde, was der Herr sagt: ›Wer in meinem Namen anderen etwas gibt, wird es hundertfältig wiedererhalten.‹«

Als der Jüngling das hörte, ging er hinaus, verkaufte das Holz und den Esel und schenkte allen Erlös den Armen.

»Nun muß mir der Herr es aber auch hundertfältig wiedergeben«, sagte er zu sich selbst, ging wieder in die Kirche und drückte sich in eine Ecke, wo ihn niemand sah. Als nun die Messen alle aus waren, schloß der Sakristan die Kirche und merkte nicht, daß der Jüngling darin geblieben war. Der wartete, bis alles still war, und stieg dann auf den Altar, wo ein großes Kruzifix stand. Das redete er an und sprach: »Du, höre einmal! Ich habe dein Gebot erfüllt und habe alles, was ich hatte, verkauft und den Armen gegeben. Jetzt mußt du es mir aber hundertfältig wiedergeben, sonst habe ich ja nichts meiner Mutter zu bringen.«

Lange sprach er in dieser Weise mit dem Kruzifix. Endlich antwortete der Herr: »Ich bin leider arm und kann dir kein Geld geben. Geh aber nach Rom, in die größte Kirche, dort wohnt mein Bruder, der ist viel reicher als ich. Der kann dir vielleicht das Geld geben.«

Da sagte der Jüngling: »Es ist auch wahr, du mußt sehr arm sein, denn du bist ja ganz nackt.«

Also drückte er sich wieder in seine Ecke und wartete, bis der Sakristan am nächsten Morgen aufmachte und er hinaus konnte. Dann machte er sich auf den Weg nach Rom, ohne seiner Mutter etwas zu sagen, und wanderte den ganzen Tag, bis er bei Dunkelwerden an ein Kloster kam.

»Hier könnte ich wohl die Nacht zubringen«, dachte er, klopfte an und begehrte ein Obdach. Das wurde ihm freundlich gewährt, und der Prior rief ihn zu sich, um sich ein wenig mit ihm zu unterhalten.

»Wohin wanderst du, mein Sohn?« fragte er ihn.

»Ich muß nach Rom gehen und mit dem Herrn sprechen, wegen einer Summe Geldes, die er mir geben muß.«

Der Prior dachte anfangs, der Bauernbursche habe ihn zum besten. Da er aber sein einfältiges Gemüt erkannte, sprach er zu ihm: »Du könntest mir wohl einen Gefallen tun. Meine Mönche geraten jedesmal nach dem Essen in solchen Streit, daß sie sich die Köpfe blutig schlagen. Sonst sind sie so fromm und gesittet. Nach dem Essen aber ist es, als ob ein böser Geist in sie gefahren wäre. Wenn du nun mit dem Herrn sprichst, so frage ihn doch, woher das kommt, und wenn du mir bei deiner Rückkehr die richtige Antwort bringst, so schenke ich dir hundert Unzen.«

Der Jüngling versprach es, ruhte die Nacht in dem

Kloster und machte sich am anderen Morgen wieder auf den Weg.

Er wanderte den ganzen Tag, bis er am Abend in eine kleine Stadt kam. Da sah er ein hübsches Haus stehen, klopfte an und bat um ein Obdach, und der Hausherr gewährte es ihm. Dieser Mann aber war ein Kaufmann und hatte drei schöne Töchter. Als er sich nun mit dem Jüngling unterhielt, fragte er ihn, wohin er gehe.

»Ich muß nach Rom und mit dem Herrn sprechen, wegen einer Summe Geldes, die er mir geben muß«, antwortete der Jüngling.

Da glaubte der Kaufmann, er wolle ihn zum besten haben. Als er aber seine Einfalt erkannte, sprach er: »Tu mir einen Gefallen! Ich habe drei schöne Töchter und habe doch noch keine von ihnen verheiraten können, obgleich ich reich bin. Wenn du nun mit dem Herrn sprichst, so frage ihn, woher das kommt. Und wenn du mir die Antwort bringst, so schenke ich dir hundert Unzen.«

Der Jüngling versprach es und wanderte am nächsten Morgen weiter.

Als es nun Abend wurde, kam er an ein Bauernhaus. Da klopfte er an und bat um ein Nachtlager. Der Bauer nahm ihn freundlich auf, ließ ihn bei sich am Tisch essen und fragte ihn: »Wohin gehst du denn?«

Der Jüngling erzählte wieder, er gehe nach Rom, um mit dem Herrn wegen einer Summe Geldes zu sprechen.

»Da könntest du mir einen Dienst erweisen«, sprach der Bauer. »Ich habe ein schönes Gut, das hat früher viel Obst getragen. Seit einigen Jahren aber sind die Bäume alle unfruchtbar geworden, und ich habe auch nicht eine einzige Feige oder Kirsche mehr daran gesehen. Wenn du nun mit dem Herrn sprichst, so frage ihn, woher das kommt, und wenn du mir die richtige Antwort bringst, so schenke ich dir hundert Unzen.«

Der Jüngling verspach es, übernachtete bei dem Bauern und wanderte am nächsten Morgen weiter.

Endlich kam er nach Rom und suchte sogleich die größte und schönste Kirche auf. In dieser wurde eben die Messe gelesen. Da er nun die vielen seidenen und goldenen Gewänder der Priester sah und die goldenen Monstranzen, mit Edelsteinen besetzt, dachte er: »Der Herr hatte recht. Dieser sein Bruder ist viel reicher. Der kann mir gewiß mein Geld wiedergeben.«

Also drückte er sich in eine Ecke und wartete geduldig, bis der Sakristan die Kirchentür schloß. Dann stieg er auf den Altar und sprach zu dem Kruzifix: »Du, höre einmal, dein Bruder hat mich zu dir geschickt. Der sollte mir eine große Summe Geldes geben; er ist aber zu arm und läßt dir deshalb sagen, du solltest sie mir statt seiner geben.«

Der Herr ließ ihn erst eine Zeitlang bitten. Dann antwortete er: »Es ist gut. Geh du nur nach Hause! Auf dem Wege wirst du dein Geld bekommen.«

»Ja«, sprach der Jüngling, »ich muß dich aber noch etwas fragen. Eine halbe Tagereise von hier wohnt ein

Bauer, der hat ein Gut, das ihm früher viel Obst einbrachte. Seit einigen Jahren aber sind die Bäume unfruchtbar geworden. Woher kommt das?«

Der Herr antwortete: »Früher hatte der Bauer keine Mauer um sein Gut gezogen, und wenn ein Armer vorbeikam, der durstig war, streckte er nur seine Hand aus und nahm eine Birne oder sonst eine Frucht, um seinen Durst zu stillen. Der Bauer aber war habsüchtig und gönnte den Armen die paar Früchte nicht. Deshalb ließ er eine Mauer um das Gut ziehen, und seitdem sind die Bäume unfruchtbar. Wenn er die Mauer umreißt, wird das Gut wieder Früchte tragen.«

»Sage mir aber noch etwas«, fuhr der Jüngling fort. »In der und der Stadt wohnt ein Kaufmann, der hat drei schöne Töchter. Aber obgleich der Vater reich ist, so hat sich doch noch keine verheiratet. Woher kommt das?«

Da sprach der Herr: »Die Mädchen sehen zuviel auf ihre Kleidung und wollen dadurch einen Mann bekommen. Wenn sie aber fein sittsam und ohne großen Aufputz in die Kirche gehen wollten, dann würden sich die Freier bald einstellen.«

»Jetzt möchte ich aber noch eins wissen«, sprach der Jüngling. »In dem und dem Kloster sind die Mönche den ganzen Tag fromm und gesittet. Wenn sie aber gegessen haben, fangen sie an, sich zu streiten, und es gibt einen großen Lärm. Woher kommt das?«

»Sie haben einen Teufel zum Koch«, antwortete

der Herr. »Der verzaubert die Speisen, also daß sie diesen Unfrieden erregen.«

Da dankte der Jüngling dem Herrn, und der Herr griff in seine Seite und gab ihm zum Abschied einen Stein, den solle er wohl verwahren.

Der Jüngling aber drückte sich wieder in seine Ecke, und als der Sakristan am anderen Morgen die Kirchentür aufmachte, ging er hinaus und wanderte nach Hause zurück.

Als er nun zu dem Bauern kam, fragte ihn dieser: »Hast du mit dem Herrn gesprochen?«

»Ja«, antwortete er. »Die Bäume auf Eurem Gut sind unfruchtbar, weil Ihr die Mauer um das Gut gezogen habt. Wenn Ihr die Mauer niederreißt und den Armen nicht wehrt, wenn sie einmal eine Frucht nehmen, dann wird das Gut wieder Obst tragen.«

»Schön«, sprach der Bauer, »ich will gleich einen Versuch machen. Du mußt aber dableiben, bis ich die Bäume blühen sehe, sonst kann ich dir die hundert Unzen nicht geben.«

Da blieb der Jüngling bei ihm, und der Bauer riß die Mauer nieder, und siehe da, schon nach wenigen Tagen waren die Bäume mit Blüten bedeckt. Nun gab ihm der Bauer die huntert Unzen, dankte ihm und ließ ihn ziehen.

Danach kam der Jüngling zum Kaufmann. Der fragte ihn auch, ob er mit dem Herrn gesprochen habe.

»Ja«, antwortete er, »Eure Töchter kriegen keinen Mann, weil sie zuviel an Putz und Kleidung denken.

Wenn sie aber fein sittsam in die Kirche gehen wollten, so würden sich bald die richtigen Bewerber einfinden.«

»Bleibe einige Tage bei mir, bis ich sehe, ob dein Rat gut ist«, sprach der Kaufmann, »dann will ich dir die hundert Unzen geben.«

Da blieb der Jüngling da, und der Kaufmann nahm seinen Töchtern den prächtigen Aufputz und die übertriebenen Kleider ab und schickte sie bescheiden und sittsam gekleidet in die Kirche, und siehe da, schon nach wenigen Tagen meldeten sich mehrere Freier, so daß der Vater nur zu wählen brauchte. Da schenkte er dem Jüngling die hundert Unzen, dankte ihm für seinen Rat und ließ ihn ziehen.

Am Abend kam der Jüngling in das Kloster und wurde zum Prior geführt. Der fragte ihn: »Hast du mit dem Herrn gesprochen?«

»Ihr habt in Eurem Kloster den Teufel zum Koch, der verzaubert die Speisen, daß sie Unfrieden stiften«, antwortete der Jüngling.

»Wenn das wahr ist, so will ich den unsauberen Geist gleich beschwören«, sagte der Prior, nahm das Weihwasser und kleidete sich in die heiligen Gewänder, ging in die Küche und beschwor den bösen Geist, daß er aus dem Kloster ausfuhr und die Mönche von da an in Frieden lebten. Der Prior aber dankte dem Jüngling, schenkte ihm die hundert Unzen und ließ ihn ziehen.

Als er sich aber seiner Heimatstadt näherte, begann der Stein, den er auf der Brust trug, zu leuchten und verbreitete einen solch wunderbaren Glanz, daß man ihn viele Meilen weit sah. Die Geistlichen aber, da die Kunde davon erscholl, machten sich auf und zogen feierlich dem wunderbaren Stein entgegen. Da mußte der Jüngling alles erzählen, und weil er würdig befunden worden war, mit dem Herrn zu sprechen, so sollte er nun auch den Stein tragen, und ging unter dem Baldachin und trug den Stein in seinen Händen. Als er aber in die Kirche kam und den Stein auf den Altar gelegt hatte, sank er um und war tot. In der Kirche aber war auch seine Mutter. Die erkannte ihren Sohn, und als sie ihn umsinken sah, eilte sie auf ihn zu und schloß ihn in ihre Arme. Danach fand sie die dreihundert Unzen und nahm sie zu sich, führte ein frommes Leben, indem sie den Armen viel Gutes tat, und als sie starb, wurde sie im Himmel mit ihrem Sohn vereinigt.

(Nach einem sizilianischen Volksmärchen)

Wem der Tod Brot schenkt

Zwei arme Leute hatten ein einziges Kind, einen kleinen Jungen. Obwohl der Mann von früh bis spät an alle Arbeiten ging, die sich ihm boten, und dabei alle Kraft einsetzte, gewann er doch gerade eben nur von einem Tag zum andern das Auskommen eines Tages für sich und seine Familie. Sie mußten von der Hand in den Mund leben. Wie es besonders bei den armen Leuten üblich war, hatten sie zwar gewöhnlich als

Vorrat für schlimmste Nottage ein kleines Stückchen Suchonka im Hause, hart und dauerhaft geröstetes dunkles Roggenbrot. Aber auch dieser kleine Vorrat ging ihnen oft aus.

Eines Tages wurde der Mann krank. Seine Frau pflegte ihn, so gut sie konnte. Sie mühte sich ab und arbeitete für zwei, aber mit dem Leben ihres Mannes ging es offenbar immer mehr bergab.

»Ach Gott!« klagte die Frau einer teilnehmenden Nachbarin. »Der Tod ist auf dem Weg in unser Haus. Was soll ich nur machen?«

Des Nachts wachte sie bei ihrem kranken Mann, der sich manchmal unruhig auf seinem Lager bewegte und manchmal lange, lange Zeit still dalag, als wäre schon alles Leben aus ihm gewichen. Ihr Junge wollte nicht zu Bett gehen, sondern seiner Mutter beim Wachen helfen. Und wenn er auch manchmal ein bißchen einnickte, so hielt er doch tapfer durch. Endlich, als der Vater sich lange Zeit gar nicht rührte, fragte der Junge erschrocken: »Mutter, wird der Vater denn nicht bald aufwachen? Er hat nun schon so lange geschlafen.«

»Ich weiß es nicht, mein Kind«, antwortete sie und legte tröstend ihren Arm um ihn.

Eine Weile saßen sie still da. Dann begann der Junge wieder: »Mutter!«

»Ja?«

»Hast du nicht noch ein bißchen Suchonka?«

»Nein, mein Kind, ich habe gar nichts mehr im Hause. Bist du hungrig?«

»Nein, aber wenn ich Suchonka esse, hört es der Vater vielleicht und wacht auf.«

»Lieber Junge, wir können nichts anderes tun als warten. Vielleicht geht es dem Vater morgen besser. Geh du jetzt schlafen!«

Der Junge stand auf und tat, als ginge er in die Kammer. Doch er stahl sich heimlich aus dem Haus, nur das Nachthemd am Leibe. Es war aber Winter und bitter kalt. Von Hof zu Hof ging er in seinem dünnen Nachthemd.

»Liebe Leute, gebt mir doch bitte ein Stück Suchonka! Mein Vater schläft, und ich muß ihn wecken.«

Aber wohin er auch kam, nirgends gab man ihm etwas. »Was willst du mitten in der Nacht? Du kannst uns doch nicht um ein Stück Suchonka wecken kommen. Wir haben tagsüber hart zu arbeiten und brauchen unseren Schlaf. Und außerdem sind wir alle arm und können nichts entbehren. Vielleicht morgen früh.«

Endlich kam er zu einem Hof, auf dem man Mitleid mit ihm hatte und ihm Brot gab. Aber das war ein Stück frisches, weiches Brot. Er bedankte sich und nahm es, sagte aber bei sich: »Nein, das ist nicht das Richtige. Ich muß Suchonka haben, so daß mein Vater es hört, wenn ich daran knabbere. Vielleicht wacht er dann auf. Er schläft so fest.«

So ging er also immer weiter. Bald war er in allen Häusern des Dorfes gewesen und hatte doch kein Suchonka bekommen. Traurig wollte er sich schon auf den Heimweg machen. Da gewahrte er noch ein

Licht, weit in der Ferne. Voll neuer Hoffnung ging er darauf zu. Er fand ein kleines Häuschen und trat ein. Drinnen saß ein alter Mann und schärfte eine Sense.

»Guten Tag, Großväterchen!« sagte der kleine Junge.

»Guten Tag, kleiner Junge«, sagte der alte Mann. »Aber es ist ja noch Nacht. Was willst du denn?«

»Und du«, fragte der Junge und machte große Augen, »wozu schärfst du denn mitten im Winter deine Sense? Jetzt gibt es doch nichts zu mähen!«

»Meine Ernte reift im Winter und im Sommer.«

»Bist du denn kein Bauer, Großväterchen?«

»Nein, ich bin kein Bauer.«

»Und doch brauchst du eine Sense?«

»Ja, wie du siehst.«

»Da bist du aber ein sonderbarer Mann. Doch sag bitte, hast du nicht ein Stückchen Suchonka für mich? Mein Vater schläft so fest. Und wenn ich an dem Trockenbrot knabbere, wacht er vielleicht auf und will auch ein Stück haben.«

»So, so«, sagte der alte Mann. »Du triffst es in der Tat gut. Vor einiger Zeit kam eine alte Frau zu mir und ließ mir diese Tüte Suchonka hier. Die kannst du mitnehmen.«

»Vielleicht kommt sie zurück und will ihre Tüte wiederhaben?«

»Nein, sie kommt bestimmt nicht wieder«, sagte der Mann und blickte auf seine Sense. »Nimm das Brot nur mit! Und jetzt können wir gehen. Wir haben nämlich denselben Weg.«

Der Alte erhob sich, nahm vom Tisch ein großes Stundenglas, dessen obere Hälfte schon fast ganz von Sand entleert war, vergaß die frisch geschärfte Sense nicht und schob den Jungen vor die Tür, die er von außen zuriegelte. Dann gingen die beiden miteinander und waren bald an dem kleinen Hause angekommen, in dem der Vater des Jungen krank lag und die Mutter wachte. Der alte Mann mit der Sense kam mit ins Haus und stellte das schon fast abgelaufene Stundenglas auf den Tisch. Fröhlich kniete unterdessen der Junge neben dem Vater nieder und knabberte an seinem Trockenbrot. Das knirschte und knusperte laut. Aber der Vater rührte sich nicht.

»Ach, Großväterchen«, bat der Junge, »nimm du doch auch ein Stückchen Suchonka und beiße es möglichst laut ab! Vielleicht wacht er dann auf!«

Da lehnte der alte Mann seine Sense an die Wand, nahm auch ein Stück Suchonka, setzte sich nieder und aß. Und man hörte es in der ganzen Stube laut knirschen und knuspern.

Der Sand im Stundenglas auf dem Tisch aber rann und rann. Bald mußten die letzten Körnchen nach unten gelaufen sein. Der alte Mann jedoch war mit dem Trockenbrotknabbern beschäftigt, daß er ganz vergaß, mit seiner Sense in eben dem Augenblick zuzuschlagen, in dem der Sand aus dem Stundenglas geronnen war. Damit aber war der rechte Augenblick verpaßt. Unwillig vor sich hinmurmelnd, packte der alte Mann Sense und Stundenglas und stapfte ohne ein Wort des Grußes durch die Tür davon.

Allmählich erwachte der kranke Vater. Sein Leben kehrte ganz offensichtlich zurück. Weinend vor Glück, sank die Mutter am Bett auf die Knie.

»Wie gut sich das anhört, wenn du Suchonka knabberst, lieber Junge!« sagte der Vater. »Gib mir doch auch ein Stück!« Voller Stolz brach der Junge ein Stück von dem Trockenbrot ab, und fröhlich knabberten und knusperten sie beide.

»Siehst du, Mutter, habe ich nicht recht gehabt?« rief der Junge. »Der Vater ist aufgewacht! Jetzt ißt er schon wieder von dem guten Brot!«

Und wenn der Tod nicht inzwischen wiederkam, knabbern und knuspern sie immer noch. Denn wer Brot ißt, lebt.

(Nach einem bessarabischen Volksmärchen)

Der Tänzer unserer lieben Frau

An den Portalen alter Dome fallen inmitten all der heiligen Gestalten und Szenen oder auch der merkwürdig verschlungenen Tier- und Pflanzenornamente nicht selten Darstellungen von Menschen auf, die seltsame Verrenkungen machen, die Beine zu großen Sprüngen recken, auf dem Kopf stehen, ein Rad schlagen oder mit Bällen, Scheiben und Stöcken jonglieren.

Ein solcher Gaukler war des unsteten Treibens langer Jahre und überhaupt der Welt samt ihrer Lust müde geworden. Er gab, was er besaß, seinen Freunden und trat arm und bescheiden in ein Kloster der Zisterzienser ein, in dem Gebet und Arbeit in strenger Hingabe des Glaubens den Tageslauf bestimmten.

Der neue Laienbruder hatte zwar ein freundliches, offenes Gesicht, einen guten Wuchs, ein einnehmendes Wesen, aber er wußte auf keine Weise, was im Kloster Sitte und Brauch war. Nie waren ihn Vaterunser und Ave Maria oder gar das Credo gelehrt worden, denn er hatte ja seine Zeit nur mit Springen, Tanzen und Radschlagen verbracht. Alles, was im Kloster zum regelgewohnten Ablauf gehörte, war ihm völlig fremd. Er sah es staunend an, versuchte ungeschickt, sich anzupassen, übertrieb das eine, vergaß das andere und wurde den anderen Brüdern, die sich im Klosterleben längst zu Hause fühlten, oft ein Gegenstand des Kopfschüttelns oder des milden Spottes.

Aus einem ungeordneten Leben kommend, beobachtete er mit großen Augen, wie jeder im Kloster auf seine Weise und an seinem zugeteilten Platz dem Herrn diente, wie die Priester am Altar mit selbstverständlicher Sicherheit die heiligen Riten vollzogen, wie die Diakone das Evangelium lasen, ohne zu stokken, wie die Chöre der Mönche einander in rhythmischem Gegenüber psalmodierend das Lob Gottes zusangen, wie schon die jungen Klosterschüler in die feierlichen Folgen der Gottesdienste eingeübt wurden und wie selbst der Kleinste unter ihnen ohne Zaudern das Vaterunser aufsagen konnte. Das alles konnte er nicht, und diese Einsicht beschämte ihn tief. Dabei ging es ihm nicht einmal so sehr darum, den Vergleich mit den anderen Brüdern auf jede Weise auszuhalten oder gar in eine Art geistlichen Wettbewerbs mit ihnen einzutreten. Er hörte ja nicht nur ihre feierlichen Lobgesänge, sondern auch, wie es ihnen um Selbstprüfung und Buße ging und ihnen das Klagen eines zerknirschten Herzens nicht fremd war.

»Aber sie alle«, sagte er zu sich selbst, »tun doch irgend etwas Nützliches für Gott und für die Gemeinschaft des Klosters. Nur ich stehe immer nur herum, reiße vor Staunen den Mund auf und bin zu nichts nütze. Ich bin das Brot nicht wert, das man mir hier gibt. Wenn ich doch nur auch etwas zur Ehre Gottes tun könnte, etwas, was ich richtig und gut tun kann!«

Am liebsten hielt er sich in der Geborgenheit der Krypta unter der Klosterkirche auf, wo nur wenige Kerzen leuchteten und das Bild der Gottesmutter anstrahlten, die sich liebevoll über den Heiland der Welt beugte. Und als er dort eines Tages wieder im Gebet kniete, während von droben der tiefe Ton der Glocken herunterdrang, die die Brüder zur Messe luden, kam ihm ein Gedanke.

»Da oben wetteifern sie jetzt alle im festlichen Lobe Gottes, jeder nach seinen Kräften und wie er es gelernt hat. Soll ich derweilen hier einfach bloß knien, während ich doch selber auch etwas gelernt habe? Zwar kann ich keine liturgischen Regeln, aber ich kann doch, was viele andere nicht können: tanzen, springen, radschlagen. Und wenn jeder sein Bestes gibt, um Gott nach Kräften zu dienen, warum nicht auch ich mit dem Besten, was ich kann und habe?«

Und er warf die lange Kutte ab, gürtete sein dünnes Gewand hoch, kniete noch einmal vor dem Bild der Gottesmutter nieder und sprach voller Demut und Vertrauen: »O Mutter des Heilands und Königin des Himmels, dir übergebe ich mich mit Seele und Leib, in kindlichem Vertrauen. Wenn mir die Fähigkeiten der anderen zu deinem Lobe fehlen, so nimm mit meinem Eifer vorlieb! Was ich kann, will ich für dich tun: anmutig tanzen und kühne Sprünge wagen, radschlagen und kopfstehen. Wie das Böcklein auf der Wiese nicht getadelt wird, wenn es vor seiner Mutter munter einherspringt, wirst du auch nicht tadeln, was ich dir zu deiner Ehre darbiete.«

Und während droben der Gottesdienst feierlich von Hymnus zu Responsorium, von Lesung zu Gebet voranschritt, hob er unten an mit allen seinen bewährten Gauklerkünsten. Er tanzte vorwärts und rückwärts, sprang hoch, drehte sich in der Luft und kauerte sich wieder tief nieder, ging auf den Händen durch die Krypta, schlug das Rad in wohlberechnetem Raummaß. Nach jeder glungenen Figur verneigte und bekreuzigte er sich vor dem Bild, und die Tränen der Freude liefen über sein Gesicht, daß er doch auch etwas zum Preis der göttlichen Barmherzigkeit tun könne, wenn nicht mit ehrwürdigen Hymnen, so doch mit Hand und Fuß, Herz und Leib.

»O heilige Frau, ich danke dir, daß ich das für dich

vollbringen darf. Laß mich dein Tänzer sein und dich auf meine Weise nicht weniger inbrünstig loben, als es andere mit ihren Stimmen tun.«

Er tanzte unten, solange oben die Messe währte, bis ihm der Atem ausging und die Glieder den Dienst versagten. Dann sank er in einer Ohnmacht der Erschöpfung zu Füßen des Gnadenbildes nieder. Maria aber neigte sich mit gütigem Lächeln herab und fächelte ihm mit ihrem Tüchlein Luft zu, ja sie legte ihre Hand auf seine pochenden Schläfen, um die Hitze darin zu kühlen.

Indessen hatte ein Mönch, der in der Krypta einen Auftrag auszuführen hatte, heimlich alle diese Vorgänge mit angesehen und voller Bestürzung den Abt geholt, daß auch er sähe, was da an Erstaunlichem geschah. Am nächsten Tag ließ der Abt den Laienbruder zu sich rufen. Dieser kam sehr bekümmert, denn er dachte, nun seien seine Tage im Kloster vorüber, da er doch nur müßiggehe und ein unnützer Esser sei. Er fiel also voller Zagen vor dem Abt auf die Knie und sprach: »Herr, was befehlt Ihr? Muß ich wieder hinaus ins Elend gehen?«

Doch der Abt verneigte sich seinerseits in Ehrfurcht vor ihm, hob ihn mit seinen Armen hoch, umfing ihn, küßte ihn und sprach: »Du bist begnadet mehr als wir alle im Hause. Bete du zu Gott für die Brüder und für mich, daß wir einst Anteil haben an der Freundlichkeit Gottes, die sich an dir so überirdisch erzeigt hat.«

Der arme Gaukler, der der Tänzer unserer lieben Frau geworden war, verstand diese Rede nicht recht.

Aber er verstand, daß er als Bruder angenommen und geliebt wurde. Da tat sein Herz einen schweren Sprung, und er wurde vor Freude krank. Und als er bald danach starb, war es den Brüdern, als hörten sie heitere himmlische Musik, nicht anders, als wenn Heilige in den Himmel einziehen, und einen Rhythmus, wie für den Reigen geschaffen, den die Begnadeten im Paradies tanzen.

*(Nach einer Legende
aus dem mittelalterlichen Frankreich)*

Der Knabe im Dom

Ein frommer, gottesfürchtiger Bauer fand eines Tages im Feld ein armes kleines Kind liegen.

»Ach, du unschuldiges Würmchen!« rief er. »Welche nichtswürdige Mutter hat dich deinem Schicksal überlassen? Ich will dich mitnehmen und aufziehen.«

So nahm er das Kind mit sich und zog es auf, und seitdem er das Kind bei sich hatte, ging ihm alles gut vonstatten. Seine Bäume trugen reichlich schöne Früchte, das Korn und der Wein gerieten, und der Bauer hatte sein gutes Auskommen. Das Kind wuchs heran und wurde ein guter, frommer Knabe; jedoch war er einfältig und wußte nichts von unserem Heiland und nichts von den Heiligen. Als er nun einmal mit Lehm spielte, bildete er daraus große und kleine Kugeln und reihte sie zu einem Rosenkranz auf, den er ganz richtig zustande brachte. Es fehlte kein einziges Gloria patri daran. Als das der Bauer sah, war er sehr verwundert und beschloß, den Jungen einmal mit nach Catania zu nehmen.

»Willst du mit mir kommen?« fragte er ihn eines Morgens. »Ich reite nach Catania.«

»Ganz, wie es Euch gefällt, Massaro«, antwortete der Knabe, ließ sich vor den Bauern aufs Pferd heben und ritt mit ihm zur Stadt.

Als sie nun in die Nähe des Domes kamen, sprach der Bauer: »Gehe ein wenig in die Kirche hinein, bis ich meine Geschäfte beendet habe!«

Da ging der Knabe in den Dom und sah alle die goldenen und seidenen Gewänder und die gestickten Altardecken und die vielen Blumen und Kerzen. Und er verwunderte sich sehr darüber, denn er hatte noch nie etwas Derartiges gesehen. Endlich kam er auch an den Altar, wo das Kruzifix stand, kniete auf den Altarstufen nieder und redete den Gekreuzigten an: »Cumpareddu, Gevatter, warum hat man Euch an dieses Holz genagelt? Habt Ihr etwas Böses getan?«

Da nickte der Gekreuzigte mit dem Kopf.

»Ach, armer Cumpareddu, das müßt Ihr nun nicht wieder tun, denn seht, wieviel Ihr nun leiden müßt!«

Und der Herr nickte wieder mit dem Kopf.

So trieb der Junge es eine lange Zeit und redete mit dem Kruzifix, bis die Messen alle aus waren und der Sakristan die Kirchtür schließen wollte. Da er nun den kleinen Bauernknaben da knien sah, bat er ihn, aufzustehen und die Kirche zu verlassen.

»Nein«, antwortete das Kind, »ich bleibe hier, denn dieser arme Mann bleibt sonst ganz allein. Erst habt ihr ihn an das Holz genagelt, und nun überlaßt ihr ihn seinem Schicksal. Nicht wahr, Cumpareddu, Ihr habt es gern, daß ich bei Euch bleibe?«

Und der Herr nickte mit dem Kopf.

Als der Sakristan das hörte und sah, ging er voll Schrecken zum Kanonikus und erzählte ihm alles. Der aber sprach: »Da ist gewiß Gott am Werk. Lasset den Knaben gewähren und bringet ihm einen Teller Makkaroni und etwas Wein!«

Als der Sakristan dem Knaben die Makkaroni und den Wein brachte, sprach er: »Setzet es nur dahin, ich werde es gleich essen.«

Dann wandte er sich zum Kruzifix und sprach: »Cumpareddu, Ihr seid gewiß hungrig. Wer weiß, wie lange Ihr nichts gegessen habt. Nehmt ein wenig Makkaroni!« Damit kletterte er auf den Altar und gab dem Herrn von seinen Makkaroni mit, und der Herr aß sie. Dann sprach er wieder: »Cumpareddu, Ihr seid wohl auch durstig! Trinkt ein wenig von meinem Wein!«

Und er gab dem Herrn auch von dem Wein zu trinken, und der Herr trank.

Als er aber Speise und Trank mit dem Herrn geteilt hatte, sank der Knabe um und war tot, und seine Seele wurde in den Himmel getragen und lobte Gott.

Der Kanonikus hatte sich hinter dem Altar versteckt. Als er das alles sah, ließ er in der ganzen Stadt verkündigen, es sei ein Wunder geschehen, und es liege ein Heiliger im Dom, und er ließ ihn in einen goldenen Sarg legen. Da kamen die Leute und sahen den verklärten Leib und beteten an seinem Sarg. Der Bauer aber kam auch und erkannte den kleinen Knaben, den er aufgezogen hatte, und dankte Gott, daß ihm diese Gnade erzeigt worden war. Darauf kehrte er in sein Dorf zurück, und was er unternahm, gelang weiterhin. Er tat aber mit seinem Geld den Armen viel Gutes und lebte ein Leben vor Gott, und als er starb, nahm das Paradies ihn auf. Und so möge es uns auch ergehen.

(Nach einem sizilianischen Volksmärchen)